楽しく学ぶ
中小企業金融

滝川　好夫
Yoshio Takigawa
〔著〕
新田町尚人
Naoto Nittamachi

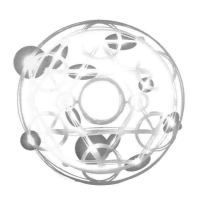

泉文堂

はじめに

【金融，企業金融，中小企業金融】

　本書で取り上げるのは，中小企業金融の問題です。大学での講義名，教科書・参考書名には「金融」，「企業金融」，「中小企業金融」の名称がついているものがあります。金融は「資金の融通」，つまりお金の貸し借りの話で，「金融」は消費者，企業，金融機関，政府などのお金の貸し借りの問題を取り上げています。「企業金融」は企業に限定したお金の貸し借り，つまり企業の資金運用・調達の問題を取り上げています。そして，「中小企業金融」は，「大企業vs. 中小企業」の対立軸の中で中小企業の資金運用・調達の問題を取り上げています。ですから，なぜ消費者，企業，金融機関，政府などのお金の貸し借りの中で，とくに企業金融を取り上げるのか，さらになぜ企業の中でとくに中小企業の金融を取り上げるのかを意識しておかねばなりません。つまり，中小企業金融の特殊性は何であるのかをつねに自問自答しなければなりません。

【中小企業金融の理論，制度，政策，歴史】

　金融，企業金融，中小企業金融には，それぞれ理論，制度，政策，歴史があります。本書は中小企業金融の学部学生向け教科書・参考書，社会人向け啓蒙書です。中小企業金融の特殊性を意識したうえで，中小企業金融の理論，制度，政策，歴史を楽しく学びましょう。本書では，統計データを用いて中小企業金融の理論，制度，政策，歴史を体系的に説明しています。

【中小企業金融を楽しく学ぶ】

　金融，企業金融，中小企業金融はきわめて実際的なテーマであり，金融，企業金融，中小企業金融に関するニュースはたくさん見聞きします。中小企業金融で学ぶべきことは多いのですが，本書名は『楽しく学ぶ　中小企業金融』であり，中小企業金融を楽しく学ぶには，本書を参照しながら，中小企業金融に

関するニュースを見る，聞く，読むを行えばよいでしょう。

【謝　辞】

　泉文堂の佐藤光彦氏には本書の企図を理解していただき，出版の機会を得られたことを，ここに記して感謝の意を表します。

2016年12月

　　　　　　　　　　　　関西外国語大学英語キャリア学部教授　滝川　好夫
　　　　　　　　　　　　　　九州産業大学商学部講師　新田町尚人

目　　次

はじめに

第1章　中小企業問題と中小企業政策

1　中小企業問題：大企業 vs. 中小企業 ……………………………………… *1*

2　中小企業基本法 ……………………………………………………………… *6*

3　中小企業政策の基本理念 …………………………………………………… *11*

4　中小企業政策の基本方針 …………………………………………………… *12*

5　中小企業庁と中小企業憲章 ………………………………………………… *13*

6　中小企業と『中小企業白書』……………………………………………… *15*

第2章　大企業金融 vs. 中小企業金融

1　『中小企業白書』と中小企業金融問題 …………………………………… *23*

2　資金の調達・運用構造の変化：大企業 vs. 中小企業 ………………… *24*

　　2－1　企業の負債・資本構造：大企業 vs. 中小企業 ……………… *28*

　　2－2　企業の資産構造：大企業 vs. 中小企業 ……………………… *31*

3　企業の資金繰り：大企業 vs. 中小企業 ………………………………… *35*

4　企業から見た金融機関の貸出態度：大企業 vs. 中小企業 ………… *39*

5　金融機関貸出の推移：大企業 vs. 中小企業 …………………………… *40*

6　規模の経済と「大企業金融 vs. 中小企業金融」……………………… *40*

第3章　中小企業金融と中小企業金融政策

1　中小企業金融の特徴と課題 ………………………………………………… *43*

2　中小企業の資金調達チャネル：「内部金融vs.外部金融」と

「間接金融vs.直接金融」…………………………………………………… *46*

3　中小企業の資金調達：運転資金vs.設備資金 ………………………… *49*

1

4	企業の成長段階別の資金調達 ·································	*53*
5	中小企業金融における「借手 vs. 貸手・出資者」のニーズ ·········	*58*
6	中小企業基本法と中小企業金融政策 ·······················	*60*
7	中小企業金融と地域経済 ·······························	*63*

第4章　中小企業金融と金融機関：間接金融

1	中小企業の資金調達構造の変遷 ·························	*65*
2	中小企業の資金調達手法：無借金企業 vs. 有借金企業 ········	*66*
3	中小企業の金融機関からの資金調達 ·····················	*74*
4	金融機関の中小企業への貸出 ·························	*77*
5	中小企業の金融機関からの経営支援期待 vs. 金融機関の 中小企業への経営支援 ·······························	*83*
6	中小企業と金融機関 ·······························	*86*
7	中小企業金融機関の種類 ·····························	*90*
8	リレーションシップ・バンキング ·······················	*92*

第5章　中小企業金融と金融資本市場：直接金融

1	資金調達手段・資金調達先の多様化 ·····················	*97*
2	リスクマネーの調達 ·······························	*98*
3	中小企業の金融資本市場からの資金調達 ···················	*99*
4	中小企業と資本性資金 ·····························	*101*
5	中小企業による社債の発行 ···························	*102*
6	クラウドファンディング ·····························	*103*

第6章　中小企業の「民間金融 vs. 公的金融」

1	民間金融 vs. 公的金融 ·······························	*105*
2	中小企業金融における担保・保証人の役割 ·················	*108*
3	中小企業金融における個人保証 ·························	*111*

目　　次

4　中小企業金融と政府系金融機関 ……………………………… *114*

5　信用保証協会と信用保証制度 ………………………………… *117*

主要参考文献 ………………………………………………………… *121*

索　　引 ……………………………………………………………… *123*

図 表 一 覧

第1章　中小企業問題と中小企業政策

図表1－1　中小企業の量的定義：1963年，73年，99年 ……………………… 2

図表1－2　企業規模別の賃金格差 ……………………………………………… 4

図表1－3　中小企業基本法の2つの政策目標，2つの是正目標，2つの
　　　　　是正手段 ……………………………………………………………… 8

図表1－4　中小企業の2つの重要な使命 ……………………………………… 9

図表1－5　中小企業政策の政策目的・政策目標と政策手法 …………………10

図表1－6　『中小企業白書』の副題一覧 ………………………………………16

図表1－7　『中小企業白書』の2002年版以降の章タイトル一覧 ……………18

第2章　大企業金融vs.中小企業金融

図表2－1　直接金融と間接金融 …………………………………………………23

図表2－2　企業の財務構造と資金の流れ ………………………………………25

図表2－3　中小企業の貸借対照表の変化：規模別 ……………………………26

図表2－4　仕入債務月商倍率の推移 ……………………………………………30

図表2－5　売上債権月商倍率の推移 ……………………………………………33

図表2－6　中小企業1社当たりの子会社・関連会社等への投融資 …………34

図表2－7　企業の資金繰り：大企業vs.中小企業 ……………………………35

図表2－8　「大企業vs.中小企業」の借入金依存度 …………………………36

図表2－9　「大企業vs.中小企業」の借入金月商倍率 ………………………38

図表2－10　企業から見た金融機関の貸出態度：大企業vs.中小企業 ………39

図表2－11　国内銀行貸出の推移：大企業vs.中小企業 ………………………40

第3章　中小企業金融と中小企業金融政策

図表3－1　貸借対照表と損益計算書の構造 ……………………………………49

図表3－2　中小企業の必要運転資金 ……………………………………………50

図表3－3　必要運転資金月商倍率 ………………………………………………51

図表3－4　売上債権月商倍率と仕入債務月商倍率 ……………………………52

図表3－5　設備投資の推移 ………………………………………………………53

図表3－6　企業の4つの成長段階と資金繰り・負債比率 ……………………54

図表3－7　中小企業が成長するための経営課題 ………………………………55

図 表 一 覧

　図表3－8　企業の4つの成長段階 ……………………………………………*55*

　図表3－9　「中小企業が成長するための経営課題」を解決するのに必要な
　　　　　　　資金の調達先 …………………………………………………… *56*

　図表3－10　金融機関の中小企業に対する理解度：企業の4つの成長段階別 …… *57*

　図表3－11　中小企業のメインバンクとの面談頻度：企業の4つの成長段階別 … *58*

　図表3－12　中小企業金融の政策基本方針 ……………………………………*61*

第4章　中小企業金融と金融機関：間接金融

　図表4－1　無借金企業の割合：大企業vs.中小企業 …………………………*67*

　図表4－2　無借金中小企業の業種別構成 ……………………………………*67*

　図表4－3　中小企業の負債比率 ………………………………………………*68*

　図表4－4　経常利益率の推移：無借金企業vs.金融機関借入のある企業全体 ……*69*

　図表4－5　経常利益率のばらつき：無借金企業vs.金融機関借入のある企業
　　　　　　　全体 ……………………………………………………………… *70*

　図表4－6　メインバンクとの面談頻度：無借金企業vs.借入のある企業全体 ……*70*

　図表4－7　経常利益率：設立年数と「無借金企業vs.金融機関借入のある企
　　　　　　　業全体vs.金融機関借入のある企業下位・上位25％」 ………………… *72*

　図表4－8　投資比率〔（有形固定資産＋無形固定資産）／総資産〕：設立年数
　　　　　　　と「無借金企業vs.借入のある企業全体」…………………………*73*

　図表4－9　借入金増加企業vs.借入金減少企業 ……………………………… *73*

　図表4－10　経常利益率：借入金増加企業vs.借入金減少企業 ………………*74*

　図表4－11　中小企業の「利用している借入手法vs.利用したい借入手法」………*75*

　図表4－12　中小企業が金融機関に望む条件や性質：企業の4つの成長段階別 …*76*

　図表4－13　中小企業貸出・借入の評価項目 ……………………………… *77*

　図表4－14　金融機関の貸出判断力向上に向けた取り組み：業態別 …………*79*

　図表4－15　中小企業への貸出を金融機関が断る理由 ……………………… *80*

　図表4－16　金融機関の中小企業に対する経営支援サービス：業態別 ………*84*

　図表4－17　中小企業のメインバンクの業態：売上規模別 ……………………*86*

　図表4－18　中小企業が金融機関から収集している情報：企業の4つの成長
　　　　　　　段階別 ……………………………………………………………… *87*

　図表4－19　中小企業が金融機関に提供している情報 …………………………*88*

　図表4－20　中小企業が金融機関に提供している情報：金融機関の業態別 ………*89*

　図表4－21　金融機関が中小企業に提供している情報：金融機関の業態別 ………*90*

　図表4－22　金融機関の数，国内店舗数，職員数：業態別 ……………………*91*

5

図表4－23　金融機関の渉外担当者一人当たりの取引先数，融資残高：業態別 ····*91*

図表4－24　金融機関の「重視している貸出手法vs.重視したい貸出手法」········*92*

第5章　中小企業金融と金融資本市場：直接金融

図表5－1　特定社債保証制度の対象となる中小企業者 ·····························*98*

図表5－2　クラウドファンディングのプロセス ··································*103*

図表5－3　国内クラウドファンディングの市場規模の推移 ·····················*104*

第6章　中小企業の「民間金融vs.公的金融」

図表6－1　ABLの融資金額・融資件数の推移 ·····························*110*

図表6－2　金融機関からの借入における，現在利用している経営者保証：
　　　　　売上規模別 ··*112*

図表6－3　金融機関からの借入における，将来利用したい経営者保証：売
　　　　　上規模別 ·· ··············*112*

図表6－4　中小企業における信用保証協会の利用状況 ·····················*118*

図表6－5　信用保証残高と信用保証の中小企業貸出に占める割合の推移 ········*119*

図表6－6　新規借入時の信用保証の利用状況 ···························*120*

| 第１章 | 中小企業問題と中小企業政策 |

【中小企業問題と中小企業政策】

　グローバリゼーション下，企業は規模の大小ではなく，世界シェアで判断されるべきであると指摘されることがありますが，一般に，企業は，規模によって，大企業と中小企業に分類されています。

　中小企業に関しては，中小企業庁が1948年8月に設置され，中小企業基本法が1963年7月に制定され，73年10月に一部改正され，99年12月に全面改正され，中小企業憲章が2010年6月に閣議決定されています。

　企業は，規模が中小であるということから生じる問題（中小企業問題）に直面し，政府はこれらの問題を解決するための施策（中小企業政策）を行っています。

1　中小企業問題：大企業 vs.中小企業

【中小企業の定義：量的定義 vs.質的定義】

（1）　中小企業の量的定義：日本の中小企業基本法

　中小企業は，中小企業基本法において，量（規模）基準で定義されています。同法は1963年に制定，73年に一部改正，99年に全面改正され，それに伴い，中小企業の量的定義（範囲）は修正されています。改正法（1999年）の第2条（中小企業者の範囲及び用語の定義）は，企業の中で「中小企業」と呼ばれるものの範囲を次のように規定し，それは中小企業政策における基本的な政策対象の範囲になっています (注1)。

1

① 製造業，建設業，運輸業，以下の②③④を除くその他業種を主たる事業とする企業のうち，「資本金の額又は出資の総額」が３億円以下の会社あるいは常時使用する従業員数が300人以下の会社・個人。

② 卸売業を主たる事業とする企業のうち，「資本金の額又は出資の総額」が１億円以下の会社あるいは常時使用する従業員数が100人以下の会社・個人。

③ サービス業を主たる事業とする企業のうち，「資本金の額又は出資の総額」が5,000万円以下の会社あるいは常時使用する従業員数が100人以下の会社・個人。

④ 小売業を主たる事業とする企業のうち，「資本金の額又は出資の総額」が

図表１－１　中小企業の量的定義：1963年，73年，99年

（1963年制定）

業　　種	中小企業者 （下記のいずれかを満たすこと）		うち小規模企業者
	資　本　金	常時使用する従業員	常時使用する従業員
①工業・鉱業・運送業 　その他の業種（②を除く）	5,000万円以下	300人以下	20人以下
②商業，サービス業	1,000万円以下	50人以下	5人以下

（1973年改正）

業　　種	中小企業者 （下記のいずれかを満たすこと）		うち小規模企業者
	資　本　金	常時使用する従業員	常時使用する従業員
①工業・鉱業・運送業 　その他の業種（②と③を除く）	1億円以下	300人以下	20人以下
②卸売業	3,000万円以下	100人以下	5人以下
③小売業，サービス業	1,000万円以下	50人以下	5人以下

（1999年改正）

業　　種	中小企業者 （下記のいずれかを満たすこと）		うち小規模企業者
	資　本　金	常時使用する従業員	常時使用する従業員
①製造業・建設業・運輸業 　その他の業種（②～④を除く）	3億円以下	300人以下	20人以下
②卸売業	1億円以下	100人以下	5人以下
③サービス業	5,000万円以下	100人以下	5人以下
④小売業	5,000万円以下	50人以下	5人以下

出所：中小企業庁編『中小企業白書』(1963年版，1974年版，2016年版)，中小企業庁「中小企業政策審議会」配布資料より作成。

5,000万円以下の会社あるいは常時使用する従業員数が50人以下の会社・個人。

つまり，「大企業 vs. 中小企業」は「資本金の額又は出資の総額」あるいは「常時使用する従業員数」によって線引きされ，中小企業とみなされうるかは業種によって異なり，「製造業・建設業・運輸業・その他業種＞卸売業＞サービス業＞小売業」の順番で大きくなっています (注2)。

企業（会社・個人企業）は「大規模企業 vs. 中小規模企業」と分類され，規模の大小は資本金（資本金の額または出資の総額），従業員数（常時使用する従業員の数）によって判断されています。

(2) 中小企業の質的定義：米国の中小企業庁

米国の中小企業庁（SBA：Small Business Administration）は，中小企業（a Small Business）の資格要件として，量（規模：従業員数，売上高，総資産など）基準についてのみならず，次の４つの質的基準を挙げています。①営利企業，②米国内で活動する企業，③独立所有・独立経営の企業，④国内ベースで，産業支配力を有していない企業。

【「大企業 vs. 中小企業」の二重構造：５つの対称性】

日本経済は「大企業 vs. 中小企業」の二重構造であるといわれ，大企業と中小企業の共生が日本経済の本来の姿です。大企業と中小企業は次の５つの点で対称的です。

① 大企業は完全就業 vs. 中小企業は不完全就業：雇用

1点目は大企業と中小企業の雇用の面からの比較です。雇用状態を，完全失業者・完全失業率といった量的指標だけでとらえてはいけません。雇用の質を取り上げれば，一方で大企業は高労働生産性・高賃金率の「完全就業」であり，他方で中小企業は低労働生産性・低賃金率の「不完全就業」である，という雇用の二重構造の問題があります。大企業においては，必要労働量は資本と技術によって決定され，賃金率は経営者と労働組合間の交渉によって

決定されます。大企業へ就職できなかった労働者は資本の乏しい中小企業に雇用されますが、中小企業においては、生きていくためにはどんなに賃金率が低くても一応就業の形を取るため、失業の顕在化は少なくなります。大企業で働く少数の雇用者・高い所得水準と、中小企業で働く多数の雇用者・低い所得水準がマクロ経済学における「有効需要」水準維持の支柱となっています(注3)。

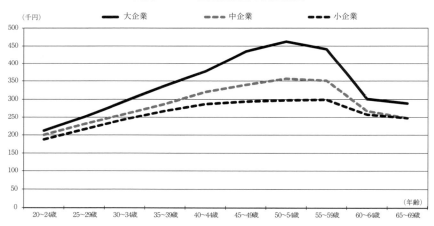

図表1-2　企業規模別の賃金格差

※　2015年6月の所定内給与。常用労働者1,000人以上を「大企業」、100～999人を「中企業」、10～99人を「小企業」に区分。
出所：厚生労働省「平成27年賃金構造基本統計調査」より作成。

② 中小企業は大企業の下請け：中小企業と大企業の相互依存関係

　2点目は大企業と中小企業の関係性です。従来は大企業と中小企業との間には、「中小企業は大企業の下請けである」という相互依存関係が存在しました。つまり、受託加工を中心とした事業活動を行ってきた中小企業は、大企業が市場から獲得してきた需要の恩恵を享受してきました。しかしながら、グローバル化の進展等を背景に、大企業と中小企業との間の相互依存関係は希薄化し、中小企業は自ら市場と向き合い、自ら需要を獲得する必要性に迫られています。

③　大企業は低い資本効率 vs. 中小企業は高い資本効率：総資本回転率と資本生産性

　　３点目は調達した資金を効率的に運用しているかを示す資本効率（総資本の運用効率）の大企業・中小企業の比較です。資本効率を総資本回転率（売上高／総資本）で測れば，中小企業の総資本回転率は大企業よりも高く，中小企業は大企業よりも資本効率が高くなっています。資本効率を資本生産性（付加価値額／総資本）で測れば，中小企業の資本生産性は大企業よりも大きく，中小企業は大企業よりも資本効率が高くなっています。

④　大企業は高い利益率 vs. 中小企業は低い利益率：売上高経常利益率

　　４点目は儲けを示す利益率の大企業・中小企業の比較です。売上高経常利益率（経常利益／売上高）で測れば，中小企業の売上高経常利益率は大企業よりも小さく，中小企業は大企業よりも利益率が低いといえます (注4)。

⑤　大企業は低い雇用吸収力 vs. 中小企業は高い雇用吸収力：単位当たりの投資に対する雇用の吸収力

　　５点目は大企業と中小企業の雇用の吸収力の面からの比較です。設備投資１億円当たりの雇用吸収力（従業員増加数／有形固定資産増加額）で測れば，中小企業は大企業よりも大きく，中小企業は大企業よりも雇用吸収力が高くなっていることを示しており，中小企業は失業の顕在化の減少に貢献しています。

【中小企業問題：金融面と実物面】

　中小企業が抱える問題点を考察しましょう。中小企業は，経営資源（実物資源と金融資源）が乏しいため，さまざまなリスクに対しての許容度が低いといわれています。中小企業の問題点は，短期では金融面（資金繰り），中長期では実物面（市場規模の縮小，国内外市場における競争力の低下など）です。以下の５つの問題点から，中小企業が政策問題として取り上げられています。

①　企業規模の大小は企業行動（生産，投資）に影響を及ぼす。

　　中小企業は企業規模が小さいため，生産・投資の最適水準を実現できませ

ん。

② 企業規模の大小は取引（実物取引，金融取引）に影響を及ぼす。

　　中小企業は企業規模が小さいため，実物取引・金融取引を不利に行わざるを得ません。

③ 企業規模の大小はリスク許容度に影響を及ぼす。

　　中小企業は企業規模が小さいため，単一事業に依存せざるをえず，リスクテーキングを行いにくい。

④ 企業規模の大小は企業の成長に影響を及ぼす。

　　中小企業は企業規模が小さいため，成長しにくい。

⑤ 企業規模の大小は資金調達の難易度に影響を及ぼす。

　　中小企業は企業規模が小さいため，資金調達が難しい。資金調達の成否は企業の存否・退出に直接影響します。

【中小企業問題：事業承継】

　中小企業は事業承継でも問題を抱えています。中小企業の株式は経営者やその親族で保有しているのが一般的で，上場企業のように株式を売買する機会が存在しません。こうした状況において，中小企業が親族以外に事業を引き継ぐ際の問題は以下の４つです。

① 借入金の個人保証の引き継ぎが困難です。

② 後継者による自社株式の買い取りが困難です。

③ 後継者による事業用資産の買い取りが困難です。

④ 金融機関との関係を維持しにくい。

2 　中小企業基本法

【中小企業基本法】

　中小企業の発展を目指した中小企業基本法は1963年７月に公布され，73年10月に一部改正され，99年12月に全面改正されました。中小企業基本法は日本の

中小企業政策の根拠法であり，なぜ「中小」という企業規模にとくに着目した
経済政策（中小企業政策）がとられるのでしょうか。

（1） 中小企業基本法：1963年7月
【2つの政策目標，2つの是正目標，2つの是正手段】

　中小企業基本法（1963年）は第1条（政策の目標）で，「国の中小企業に関
する政策の目標は，中小企業が国民経済において果たすべき重要な使命にかん
がみて，国民経済の成長発展に即応し，中小企業の経済的社会的制約による不
利を是正するとともに，中小企業の自主的な努力を助長し，企業間における生
産性等の諸格差が是正されるように中小企業の生産性及び取引条件が向上する
ことを目途として，中小企業の成長発展を図り，あわせて中小企業の従事者の
経済的社会的地位の向上に資することにあるものとする。」と記しています。

　つまり，中小企業基本法は，国民経済の成長発展に即応して，①中小企業の
成長発展を図る，②中小企業の従事者の経済的社会的地位の向上に資する，の
2つを政策目標とし，①中小企業の経済的社会的制約による不利を是正する，
②中小企業の自主的な努力を助長し，企業間における生産性等の諸格差が是正
される，の2つを政策目標達成のための是正目標としています。さらに，①中
小企業の経済的社会的制約による不利を是正するための，各中小企業の取引条
件の向上，②企業間における生産性等の諸格差を是正するための，各中小企業
の生産性の向上，の2つを是正手段としています。

　中小企業基本法は，中小企業が国民経済において重要な使命を果たしている
としたうえで，大企業・中小企業間の生産性等の諸格差，およびそれに起因す
る大企業・中小企業間の従業員の経済的社会的地位の格差といった二重構造の
是正（格差是正）を政策目的にしています。

図表１－３　中小企業基本法の２つの政策目標，２つの是正目標，２つの是正手段

是正手段をとることによって是正目標を達成し，最終的に政策目標および政策目的を達成する

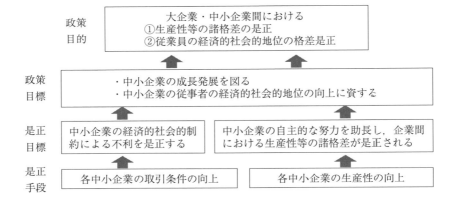

(2) 改正中小企業基本法：1999年12月
【政策手法，３つの政策目標，政策目的】

　中小企業基本法は1999年12月に全面改正されました。改正中小企業基本法の第３条（基本理念）は，「中小企業については，多様な事業の分野において特色ある事業活動を行い，多様な就業の機会を提供し，個人がその能力を発揮しつつ事業を行う機会を提供することにより我が国の経済の基盤を形成しているものであり，特に，多数の中小企業者が創意工夫を生かして経営の向上を図るための事業活動を行うことを通じて，新たな産業を創出し，就業の機会を増大させ，市場における競争を促進し，地域における経済の活性化を促進する等我が国経済の活力の維持及び強化に果たすべき重要な使命を有するものであることにかんがみ，独立した中小企業者の自主的な努力が助長されることを旨とし，その経営の革新及び創業が促進され，その経営基盤が強化され，並びに経済的社会的環境の変化への対応が円滑化されることにより，その多様で活力ある成長発展が図られなければならない。」と記しています。

　つまり，改正法は，中小企業は，①多様な事業の分野において特色ある事業

活動を行う，②多様な就業の機会を提供する，③個人がその能力を発揮しつつ事業を行う機会を提供する，といった3つにより，日本経済の基盤を形成しているという重要な使命を果たしている，と論じています。また特に，創意工夫を生かして経営の向上を図るための事業活動を行うことを通じて，①新たな産業を創出する，②就業の機会を増大させる，③市場における競争を促進する，④地域における経済の活性化を促進する，といった4つにより，日本経済の活力を維持・強化するという重要な使命を果たしていると論じています。そして，独立した中小企業者の自主的な努力を助長することを政策手法とし，①経営の革新，創業の促進，②経営基盤の強化，③経済的社会的環境の変化への対応の円滑化を政策目標とし，中小企業の多様で活力ある成長発展を政策目的としています。

図表1-4　中小企業の2つの重要な使命

①日本経済の基盤を形成している

①多様な事業の分野において特色ある事業活動を行う
②多様な就業の機会を提供する
③個人がその能力を発揮しつつ事業を行う機会を提供する

②日本経済の活力を維持・強化する
　多数の中小企業者が創意工夫を生かして経営の向上を図るための事業活動を行うことを通じて，

①新たな産業を創出する
②就業の機会を増大させる
③市場における競争を促進する
④地域における経済の活性化を促進する

図表1−5　中小企業政策の政策目的・政策目標と政策手法

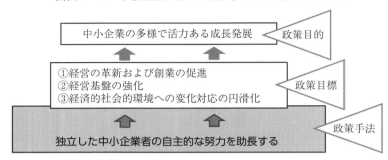

【政策目的：旧法は格差是正，改正法は多様で活力ある成長発展】

中小企業基本法（1963年）は，大企業・中小企業間の生産性等の諸格差，およびそれに起因する大企業・中小企業間の従業員の経済的社会的地位の格差といった二重構造の是正（格差是正）を政策目的にしていましたが，改正中小企業基本法（1999年）は，中小企業の多様で活力ある成長発展を政策目的にしています。大企業・中小企業間の格差是正を政策目的とした旧基本法は，多様で活力ある成長発展を政策目的とした改正法へ大きく政策転換しました。

【中小企業の主体的努力：改正法第7条（中小企業者の努力等）】

改正法第7条は次の2つのことを記し，中小企業の主体的努力を論じています。
① 中小企業者は，経済的社会的環境の変化に即応してその事業の成長発展を図るため，自主的にその経営及び取引条件の向上を図るよう努めなければならない。
② 中小企業者の事業の共同化のための組織その他の中小企業に関する団体は，その事業活動を行うに当たっては，中小企業者とともに，基本理念の実現に主体的に取り組むよう努めるものとする。

第1章　中小企業問題と中小企業政策

3　中小企業政策の基本理念

【中小企業基本法と中小企業政策】

　改正法の第1条（目的）は，「この法律は，中小企業に関する施策について，（中略），国及び地方公共団体の責務等を明らかにすることにより，中小企業に関する施策を総合的に推進し，もって国民経済の健全な発展及び国民生活の向上を図ることを目的とする。」と記しています。同法の「もって国民経済の健全な発展及び国民生活の向上を図ることを目的とする。」は経済法の常套語であり，以下では，国・地方公共団体は中小企業に関する施策についてどんな責務を有しているのか，なぜ中小企業に関する施策を行わなくてはいけないのかを説明します。

【中小企業に関する施策，なぜ，どのように：改正法第3条（基本理念）】

　改正法の第3条（基本理念）第1項は，中小企業に関する施策について，なぜ，どのように行わなくてはいけないのかを書いています (注5)。

　なぜ中小企業に関する施策が必要なのでしょうか。それは中小企業の事業活動が次の4つによって，「日本経済の活力の維持・強化」に役立つからです。

①　新たな産業の創出

②　就業の機会の増大

③　市場における競争の促進

④　地域における経済の活性化の促進

　次に，どのようにして中小企業に関する施策を行えばよいのでしょうか。中小企業は自主的に次の4つを行うことにより，多様で活力ある成長発展をしなければなりません。

①　経営の革新

②　創業の促進

③　経営基盤の強化

11

④　経済的社会的環境の変化への適応の円滑化

【国の中小企業に関する施策：改正法第4条】

　国は中小企業に関する施策についてどんなことを行っているのでしょうか。改正法の第4条（国の責務）は，「国は，（中略）中小企業に関する施策を総合的に策定し，及び実施する責務を有する。」と書き，国は，次の4つの基本方針に基づき，中小企業に関する施策を行っています (注6)。

①　経営の革新，創業の促進，創造的な事業活動の促進
②　経営資源の確保の円滑化，取引の適正化などによる経営基盤の強化
③　経営の安定，事業の転換の円滑化などによる経済的社会的環境の変化への適応の円滑化
④　資金の供給の円滑化，自己資本の充実

【地方公共団体の中小企業に関する施策：改正法第6条】

　地方公共団体は中小企業に関する施策についてどんなことを行っているのでしょうか。改正法第6条（地方公共団体の責務）は，「地方公共団体は，（中略）中小企業に関し，国との適切な役割分担を踏まえて，その地方公共団体の区域の自然的経済的社会的諸条件に応じた施策を策定し，及び実施する責務を有する。」と書き，各地方公共団体はそれぞれの区域の自然的経済的社会的諸条件に応じた施策を行っています (注7)。

4　中小企業政策の基本方針

【改正法第5条（基本方針）】

　改正中小企業基本法（1999年）の第5条（基本方針）は，中小企業政策の基本方針として，次の4つを挙げています。

①　中小企業者の経営の革新及び創業の促進並びに創造的な事業活動の促進を図ること

第1章　中小企業問題と中小企業政策

② 中小企業の経営資源の確保の円滑化を図ること，中小企業に関する取引の適正化を図ること等により，中小企業の経営基盤の強化を図ること

③ 経済的社会的環境の変化に即応し，中小企業の経営の安定を図ること，事業の転換の円滑化を図ること等により，その変化への適応の円滑化を図ること

④ 中小企業に対する資金の供給の円滑化及び中小企業の自己資本の充実を図ること

【改正法第2章（基本的施策）】

改正法の第2章は，第1節で上記①，第2節で上記②，第3節で上記③についてそれぞれ基本的施策を書いています。そして，第4節「資金の供給の円滑化及び自己資本の充実」で上記④を書いています。そのなかの第25条（資金の供給の円滑化）では，国が，

① 政府関係金融機関の機能の強化

② 信用補完事業の充実

③ 民間金融機関からの中小企業に対する適正な融資の指導

などにより，資金の供給の円滑化を図ることを書いています。

また，第26条（自己資本の充実）では，国が，

① 中小企業に対する投資の円滑化のための制度の整備

② 租税負担の適正化

などにより，中小企業の自己資本の充実を図ることを書いています。

5　中小企業庁と中小企業憲章

【中小企業庁と中小企業金融】

中小企業庁は，「中小企業を育成し，及び発展させ，且つ，その経営を向上させるに足る諸条件を確立する」（中小企業庁設置法第1条）を達成することを任務として，経済産業省の外局として設置されています。中小企業庁設置法

13

は，中小企業庁の事務として13事項を掲げ，その中の１つに「中小企業に対する円滑な資金の供給に関すること」があります。

【中小企業庁と中小企業憲章】

　中小企業庁は，中小企業政策の基本的考え方と方針を明らかにした「中小企業憲章」を作成し，2010年６月に閣議決定しています。中小企業憲章には，「中小企業は，経済を牽引する力であり，社会の主役である。常に時代の先駆けとして積極果敢に挑戦を続け，多くの難局に遇っても，これを乗り越えてきた。（中略）中小企業がその力と才能を発揮することが，疲弊する地方経済を活気づけ，同時にアジアなどの新興国の成長をも取り込み日本の新しい未来を切り拓く上で不可欠である。」と記述されてあります。

【中小企業憲章：基本理念と基本原則】

　中小企業憲章の基本理念は，中小企業を「社会の主役として地域社会と住民生活に貢献し，伝統技能や文化の継承に重要な機能を果たす。」と位置づけ，基本原則として，中小企業政策に取り組むにあたっての次の５つの原則を挙げています。

①　経済活力の源泉である中小企業が，その力を思う存分に発揮できるよう支援する。

②　起業を増やす。

③　創意工夫で，新しい市場を切り拓く中小企業の挑戦を促す。

④　公正な市場環境を整える。

⑤　セーフティネットを整備し，中小企業の安心を確保する。

【中小企業憲章と中小企業金融：基本原則と行動指針】

　中小企業憲章の基本原則の中で，中小企業金融は次のように位置づけられています。

①　「経済活力の源泉である中小企業が，その力を思う存分に発揮できるよう

14

第1章　中小企業問題と中小企業政策

支援する」ために，資金などの確保を支援する。

② 「セーフティネットを整備し，中小企業の安心を確保する」ということで，金融や共済制度などの面で，セーフティネットを整える。

そして，中小企業憲章の8つの行動指針の中の3つの項目で，中小企業金融に関する具体的な取り組みが記述されています。

⑴ **起業・新事業展開のしやすい環境を整える**

資金調達を始めとする起業・新分野進出時の障壁を取り除く。

⑵ **中小企業向けの金融を円滑化する**

① 不況，災害などから中小企業を守り，また，経営革新や技術開発などを促すための政策金融を行う。

② 起業，転業，新事業展開などのための資金供給を充実する。

③ 金融供与に当たっては，中小企業の知的資産を始め事業力や経営者の資質を重視し，不動産担保や保証人への依存を減らす。

④ 中小企業の実態に即した会計制度を整え，経営状況の明確化，経営者自身による事業の説明能力の向上，資金調達力の強化を促す。

⑶ **中小企業への影響を考慮し政策を総合的に進め，政策評価に中小企業の声を生かす**

中小企業庁を始め，関係省庁が，これまで以上に一体性を強めて，産業，雇用，社会保障，教育，金融，財政，税制など総合的に中小企業政策を進める。

6　中小企業と『中小企業白書』

【『中小企業白書』：中小企業基本法の第11条（年次報告等）】

『中小企業白書』（中小企業庁編）は中小企業基本法に基づく年次報告書（法定白書）です。第1回は1964年に刊行され，その後毎年発行されています。中小企業の動向を知るための豊富なデータが掲載されており，インターネットからでも閲覧できます。なお，中小企業基本法第11条（年次報告等）は，「政府は，毎年，国会に，中小企業の動向及び政府が中小企業に関して講じた施策に

15

図表１－６ 『中小企業白書』の副題一覧

発行年	副題	白書区分	
1969年	先進国への道と中小企業	企業問題の変質 格差縮小と中小	
1970年	中小企業分野の新展開		
1971年	変りゆく中小企業		
1972年	変化と多様性時代への適応		
1973年	発展への試練		
1974年	新たな課題に向かって		
1975年	安定成長経済への適応と発展		
1976年	試練の中の中小企業		
1977年	厳しさの中に活路を求めて		
1978年	新たな試練を生き抜く中小企業		
1979年	変わりゆく時代への活力ある対応		
1980年	80年代を拓く中小企業の活力	新たな対応① 変革時代における	
1981年	技術と知識で拓く中小企業の経営		
1982年	多様化する経済社会への新たな対応		
1983年	活力ある経済社会を支える中小企業の新たな展開		
1984年	新しい流れを拓く中小企業の活力		
1985年	変革の時代に挑む中小企業の課題 ―技術・情報・人材―		
1986年	新たな国際化時代を生き抜く中小企業の活力		
1987年	新たな産業構造の転換に挑戦する中小企業	新たな対応② 変革時代における	
1988年	円高下における産業組織構造の変化と新たな発展への模索		
1989年	円高定着下で進展する構造転換と新たな課題		
1990年	景気拡大下で進行する中小企業構造の変化と新たな発展への課題		
1991年	21世紀に向けて挑戦を続ける中小企業		
1992年	新中小企業像 ―多様化し増大する中小企業の役割―		
1993年	中小企業の課題と進路 ―新しい経済社会への構造変化の中で―		
1994年	構造変化の中での「変革」と「創造」	始まり 失の懸念の 経済活力喪	
1995年	新たなる可能性へのチャレンジ		
1996年	中小企業の時代 ―日本経済再建の担い手として―		
1997年	’中小企業’その本領の発揚		
1998年	変革を迫られる中小企業と企業家精神の発揮		
1999年	経営革新と新規創業の時代へ	多様な経営課題への対応	
2000年	IT革命・資金戦略・創業環境		
2001年	目覚めよ！自立した企業へ		
2002年	「まちの起業家」の時代へ ―誕生，成長発展と国民経済の活性化～		
2003年	再生と「企業家社会」への道		
2004年	多様性が織りなす中小企業の無限の可能性		
2005年	日本社会の構造変化と中小企業者の活力		
2006年	「時代の節目」に立つ中小企業 ～海外経済との関係深化・国内における人口減少～		
2007年	地域の強みを活かし変化に挑戦する中小企業		
2008年	生産性向上と地域活性化への挑戦		
2009年	イノベーションと人材で活路を開く		
2010年	ピンチを乗り越えて		
2011年	震災からの復興と成長制約の克服		
2012年	試練を乗り越えて前進する中小企業		
2013年	自己変革を遂げて躍動する中小企業・小規模事業者		
2014年	小規模事業者への応援歌	対応社会への 人口減少	
2015年	地域発，中小企業イノベーション宣言！		
2016年	未来を拓く 稼ぐ力		

出所：中小企業庁編『中小企業白書』各年版より作成。2014年以降の区分は筆者作成。

関する報告を提出しなければならない。」「政府は，毎年，中小企業政策審議会の意見を聴いて，前項の報告に係る中小企業の動向を考慮して講じようとする施策を明らかにした文書を作成し，これを国会に提出しなければならない。」と記しています (注8)。

【中小企業の特徴：『中小企業白書』】

1964年版から2016年版までの『中小企業白書』に見られる，中小企業の特徴をまとめると以下のとおりです。

① 中小企業の近代化（近代化設備の導入，技術の向上，経営の合理化，事業の共同化，競争の適正化など）は遅れ，それが中小企業の成長・発展を妨げています。

② 中小企業の近代化は遅れ，それが従業者の経済的社会的地位の向上（賃金水準の引き上げなど）を妨げています。

③ 中小企業の生産性は低く，それは豊富で安い労働力（低い賃金水準）への依存により補われています。豊富で安い労働力は中小企業の伝統的な存在基盤です。

④ 中小企業の環境変化に対する適応力には差があり，中小企業の中でも，発展するものと，停滞するものがあります。

⑤ 中小企業の資金調達は困難な状態に置かれています。

⑥ 中小企業は，大企業を親企業として下請けを行い，広範な分業関係を発達させています。中小企業は，特定の親企業との結び付きを強めることで安定した取引を行い，近代化の遅れから脱却しようとしています。

⑦ 中小企業は，ダイナミズム（機動性・柔軟性）を有し，環境変化に対応しています。

⑧ 中小企業は，経営者の高齢化，後継者難などに直面しています。

⑨ 中小企業は集積しています。中小企業の経済活動に占めるシェア（生産シェア，雇用シェアなど）は都市部と比較して非都市部における方が高くなっています。

17

図表1－7　『中小企業白書』の

	テーマ1	テーマ2	テーマ3	テーマ4	テーマ5
2002年版	景気後退下の中小企業の動向	物価下落と中小企業	製造業の海外進出と国内中小製造業	中小企業の誕生	中小企業の発展成長と経営革新
2003年版	景気底入れ後の中小企業の動向	デフレ下の中小製造業の生産活動	中小企業金融の動向	我が国経済における中小企業の地位と経済再生に果たす役割	参入の活性化と円滑な退出，再生・再起
2004年版	中小企業の景気動向	地域の中小企業の動向	経済社会の発展・多様性のシーズとなる中小企業	グローバリゼーションと中小企業	中小企業の世代交代と廃業を巡る問題
2005年版	中小企業の動向	経済構造の変化と中小企業の経営革新	多様な資金調達手法のあり方	地域再生と中小企業の果たす役割	日本社会の変化と中小企業の動向
2006年版	中小企業の景気動向	中小企業の開廃業・倒産・事業再生の動向	中小企業金融の動向	90年代以降における我が国経済と東アジア経済の関係深化	中小企業の国際展開の現状と課題
2007年版	中小企業の景気動向	開業・廃業と小規模企業を取り巻く環境	地域資源の有効活用に向けた取組	地域を支える中小小売業等，コミュニティビジネスの役割	地域金融が中小企業の発展に果たす役割
2008年版	2007年度における中小企業の動向	中小企業を巡る構造変化と生産性	経済のサービス化と中小サービス産業	中小企業によるITの活用	中小企業のグローバル化への対応
2009年版	2008年度における中小企業を巡る経済金融情勢	中小企業のイノベーション	中小企業の市場戦略	中小企業における知的財産の保護・活用	技術革新を生み出す技術・技能人材の確保と育成
2010年版	2009年度の中小企業の動向	経済危機下の中小企業	密度が低下する中小製造業集積の維持・発展	環境・エネルギー制約への対応	少子高齢化時代の新事業展開
2011年版	2010年度の中小企業の動向	東日本大震災の中小企業への影響	産業・生活の基盤たる中小企業	中小企業の良さを守る取組	経済成長の源泉たる中小企業（起業・転業）
2012年版	2011年度の中小企業の動向	大震災からの復興と中小企業の役割	国内事業を活かし，海外需要を取り込む中小企業	社会環境の変化に対応する女性の事業活動	中小企業のものづくり人材の育成
2013年版	2012年度の中小企業の動向	起業・創業	新事業展開	次世代への引継ぎ（事業承継）	情報技術の活用
2014年版	平成25年度（2013年度）の中小企業・小規模事業者の動向	我が国の中長期的な構造変化	地域の抱える課題と地域活性化	「小規模事業者」の構造分析－需要開拓こそ最重要課題－	起業・創業－新たな担い手の創出－
2015年版	2014年度の中小企業・小規模事業者の動向	中小企業・小規模事業者のイノベーションと販路開拓	中小企業・小規模事業者における人材の確保・育成	地域活性化への具体的取組	経済・社会構造の変化を踏まえた地域の対応
2016年版	平成28年度（2015年度）の中小企業の動向	中小企業の稼ぐ力の決定要因	中小企業におけるＩＴ利活用	中小企業における海外需要の取り込み	稼ぐ力を支えるリスクマネジメント

出所：中小企業庁編『中小企業白書』各年版より作成。

第1章　中小企業問題と中小企業政策

2002年版以降の章タイトル一覧

テーマ6	テーマ7	テーマ8	テーマ9	テーマ10	テーマ11
廃業・倒産とその教訓	中小企業金融の課題	中小企業の雇用創出・喪失			
金融環境変化の中での中小企業の資金調達	中小企業のネットワークによる経営革新				
多様性を確保するための金融					
中小企業と人材を巡る諸課題	経済社会の活力の源泉としての創業者,自営業者の役割				
国際分業の進展の下で我が国産業を支える基礎技術	産業の国際化による経営環境の変化と地域産業集積	人口構造の変化と中小企業に与えるインパクト	「世代交代の2つの波」と中小企業の事業承継・技能承継	「子供を産み育てやすい社会」に向けた中小企業の役割	まちのにぎわい創出,新たな地域コミュニティの構築と中小企業
変容する企業間の取引構造	企業間の取引条件が中小企業に及ぼす影響	人的資本の蓄積に向けた中小企業の取組			
地域を支える中小企業の事業再生と小規模企業の活性化	地域における中小企業金融の機能強化	新たな連携やネットワークの形成に取り組む中小企業			
研究開発に取り組む中小企業の資金調達	雇用動向と中小企業で働く人材の現状	インターンシップなど教育機関との連携	中小企業の賃金制度	人材の意欲と能力の向上	働き方とワーク・ライフ・バランス
国外の成長機会の取り込み					
労働生産性の向上	国外からの事業機会の取り込み				
中小企業の経営を支える取組					
過去50年の中小企業白書を振り返って					
事業承継・廃業－次世代へのバトンタッチ－	海外展開－成功と失敗の要因を探る－	新しい潮流－課題克服の新しい可能性－	中小企業・小規模事業者支援の現状と今後の課題	中小企業・小規模事業者施策の認知度,活用状況,評価	コネクターハブ企業と地域産業構造分析システム
中小企業の成長を支える金融	中小企業の稼ぐ力を決定づける経営力				

19

⑩　中小企業は，大企業と比較して回復力が弱いという特性があります。

【中小企業の日本経済における位置づけ：『中小企業白書』】

　1964年版から2016年版までの『中小企業白書』に見られる，中小企業の日本経済における位置づけは以下のものです。

①　中小企業の「近代化の遅れ」は大企業の国際競争力強化にとっての制約要因となり，日本経済全体に影響を与えます。

②　中小企業は，旺盛な意欲と小回りの良さを活かして，経済発展の一翼を担っています。

③　中小企業は，健全な競争の維持の役割を担っています。

④　中小企業は果敢な挑戦を行い，構造転換を円滑に実現します。

⑤　中小企業は大企業を親企業として下請けを行い，下請分業構造の存在は，日本経済の発展や活力維持につながっています。

⑥　中小企業は，活発な開廃業，新事業展開を通じて，産業の構造転換・活力維持に大きな役割を果たしています。開業率・廃業率は企業の新陳代謝の尺度です。企業の新陳代謝の活性化は生産性の向上を通じて国・地域の経済成長を促進させます (注9)。

【中小企業政策：中小企業対策要綱と『中小企業白書』】

　国民経済全体の中で，中小企業は重要な役割を果たしています。「中小企業対策要綱」（1947年11月閣議決定）は「中小企業は我国経済発展の特殊事情により産業構成上極めて大なる比率を占めている（中略）。故に中小企業対策は我国において特に経済的且つ社会的重大問題である。」と記しています。

　1964年版から2016年版までの『中小企業白書』に見られる，中小企業政策は以下のものです。

①　中小企業政策は「大企業 vs.中小企業」の二重構造を解消しようとしています。

②　中小企業を日本経済の活力の源とみなして，中小企業政策は，中小企業の

活動領域を一層拡大しようとしています。

③　中小企業を地域経済・地域社会の発展を支えるものとみなして，中小企業政策は，中小企業の活動領域を一層拡大しようとしています。

④　中小企業政策が取り組む問題は，合理化，精度向上，製品の高品質化，製品の高付加価値化，新分野や海外への事業展開，工場移転等の立地・公害問題対策，従業員の能力・福利厚生の向上，財務体質の強化，優れた人材の確保，経営力向上などです。

⑤　起業のための経営資源の高度化を原因として起業年齢は上昇し，起業資金は高額化していますが，中小企業政策は中小企業のダイナミズム（開業）を活性化しようとしています。

⑥　中小企業を自立した経営主体として，専門的知見を活かした多様な事業活動に積極的に取り組むものとみなし，中小企業政策は「多様で活力ある中小企業の成長・発展」を政策理念としています。

⑦　中小企業政策は，起業について，ベンチャー・キャピタル，創業支援制度などを取り上げています。

〔脚注〕

（注１）　中小企業基本法上においては「中小企業の定義」ではなく「中小企業者の範囲」です。中小企業基本法の「中小企業者の範囲」は，各法律や支援制度における「中小企業者」の定義と異なっています。例えば，法人税法上の中小企業は，資本金額もしくは出資金額が１億円以下である企業であり，軽減税率が適用されています。

（注２）　中小企業基本法は，「おおむね常時使用する従業員数」が20人（ただし，商業・サービス業は５人）以下の事業者を「小規模企業者」と呼んでいます。

（注３）　『昭和32年度　年次経済報告（経済白書）』は，生産年齢人口増加の圧力が減ると，労働市場における二重構造の問題を解決できる余力が生じると論じていますが，生産年齢人口が減少している現下の日本経済で，雇用の二重構造問題は解決しうるのでしょうか。

（注４）　企業規模別ROA（営業利益／総資産：財務省『法人企業統計年報』）の推移を見ると，中小企業全体の中でROAの二極化が進展しています。すなわち，中小企業の中で，規模の大きい中小企業のROAは大企業を上回り，規模の小さい中

小企業のROAは大企業を下回っています。他の主要先進国における中小企業の
ROAはハイリスク・ハイリターンですが，日本の中小企業のROAはハイリスク
（高い標準偏差）・ローリターン（低い平均）です。

（注5）　改正中小企業基本法の第3条（基本理念）第2項は，「小規模企業者」に関し
ては，「地域の特色を生かした事業活動」「地域における経済の安定」「地域住民
の生活の向上及び交流の促進」などの文言を使用して，地域性を強調しています。

（注6）　改正中小企業基本法の第8条（小規模企業に対する中小企業施策の方針）は，
国の小規模企業に関する施策方針について，「地域の多様な主体との連携の推進
によつて地域における多様な需要に応じた事業活動の活性化を図ること」「金融，
税制，情報の提供その他の事項について，小規模企業の経営の状況に応じ，必要
な考慮を払うこと」と書いています。

（注7）　改正中小企業基本法の第7条（中小企業者の努力等）は，中小企業は，自主的
に経営・取引条件の向上を図るよう努めなければならないと書いています。

（注8）　小規模企業振興基本法第12条に基づく年次報告書（法定白書）は『小規模企業
白書』と呼ばれ，第1回は2015年に刊行されました。中小企業基本法（第2条
第1項）において，「中小企業」という用語は小規模企業を包含する概念ですが，
政府は，規模の小さな個人事業者も施策・支援の対象であることを明示するため
に，「中小企業・小規模事業者」の用語を使用しています。

（注9）　開業率・廃業率は，「（新規に開設された（廃業した）企業数／期首において存
在していた企業数）」として計算されています。

第2章　大企業金融 vs. 中小企業金融

【直接金融 vs. 間接金融】

中小企業の資金調達，すなわち中小企業金融について考えてみましょう。最終的貸手（図の右側）から最終的借手（図の左側）への金融市場（図の上側）を通じた資金の直接の流れは「直接金融」，銀行等の金融仲介機関（図の下側）を経由した資金の間接的な流れは「間接金融」とそれぞれ呼ばれています。

図表2－1　直接金融と間接金融

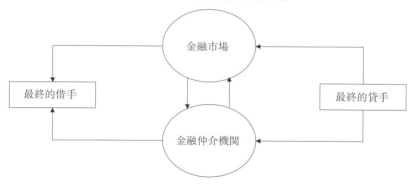

1　『中小企業白書』と中小企業金融問題

【中小企業金融問題：『中小企業白書』の副題】

『中小企業白書』を使って中小企業金融問題を考えてみましょう。白書には1969年版から副題が付けられています。1969年版の副題は「先進国への道と中小企業」であり，先進国型中小企業への脱皮を提唱しています。白書の副題で中小企業金融の問題を取り上げたものは，2000年版「IT革命・資金戦略・創

業環境」のみです。

【中小企業金融問題：『中小企業白書』の章タイトル】

『中小企業白書』は複数の章から構成され，マクロ経済や金融，人材育成，経営戦略，商品開発などさまざまテーマで中小企業を分析しています。このうち，2002年版以降の章タイトルから中小企業金融問題を取り上げると，以下のものです。

2002年版 「中小企業金融の課題」

2003年版 「中小企業金融の動向」「金融環境変化の中での中小企業の資金調達」

2004年版 「多様性を確保するための金融」

2005年版 「多様な資金調達手段のあり方」

2006年版 「中小企業金融の動向」

2007年版 「地域金融が中小企業の発展に果たす役割」「地域における中小企業金融の機能強化」

2008年版 「研究開発に取り組む中小企業の資金調達」

2009年版 「2008年度における中小企業を巡る経済金融情勢」

2016年版 「中小企業の成長を支える金融」

2 資金の調達・運用構造の変化：大企業 vs.中小企業

『中小企業白書』2016年版では，大企業と中小企業の金融について，さまざまな比較を行っています。白書では資本金10億円以上の企業を大企業，資本金1億円未満の企業を中小企業と分類し，「大企業 vs.中小企業」の貸借対照表を比較することによって，資金の調達・運用構造の変化を論じています。ここではその一部を紹介します。

第2章 大企業金融 vs. 中小企業金融

図表2-2 企業の財務構造と資金の流れ

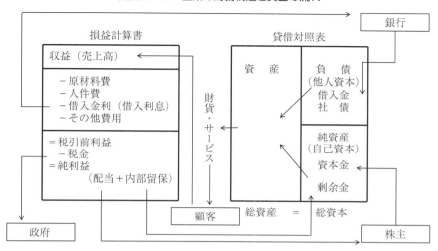

【貸借対照表の変化：大企業 vs.中小企業】

　企業の財務諸表の1つである貸借対照表は，資産・負債・資本構成，つまり資金の運用（資産）構造，資金の調達（負債・資本）構造を示しています。「大企業 vs.中小企業」の，1993年度，2005年度，2014年度の，貸借対照表の変化を見ましょう。元データは財務省「法人企業統計調査年報」からで，大企業の合計値，中小企業の合計値です。法人企業統計は標本調査であり，日本におけるすべての企業が対象ではありませんが，傾向を把握することが可能です。

(1) 大企業の貸借対照表の変化
① 1993年度から2005年度まで，一方で借入金を圧縮し，他方で直接金融や内部留保を原資に関係会社への投融資を行いました。
② 2005年度から2014年度まで，一方で運転資金のために金融機関借入を増大させ，他方で直接金融や内部留保を原資に関係会社への投融資を行いました。

図表2-3　中小企業の貸借対照表の変化：規模別

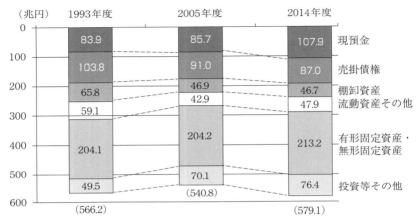

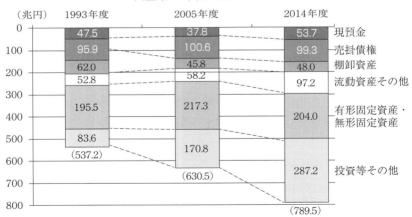

第2章　大企業金融 vs. 中小企業金融

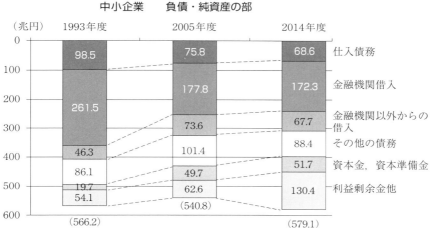

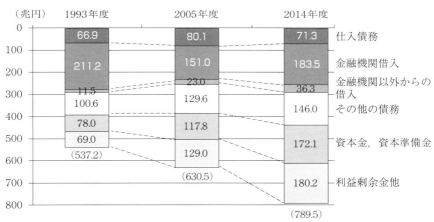

出所：中小企業庁編『中小企業白書2016年版』第2-5-11図より転載。

(2)　中小企業の貸借対照表の変化

①　1993年度から2005年度まで，売上債権や棚卸資産の縮小により借入金の圧縮を行いました。

②　2005年度から2014年度まで，資産規模を維持する中で，内部留保の範囲内で，現預金を増大させ，設備投資を行いました。

【資産規模の変化：大企業 vs.中小企業】

大企業の資産規模は拡大が顕著であり，1993年度から2005年度にかけては93.3兆円（17.4％）増加し，2005年度から2014年度にかけては159.0兆円（25.2％）増加しています。中小企業の資産規模は，1993年度から2005年度にかけては25.4兆円（4.5％）減少し，2005年度から2014年度にかけては38.3兆円（7.1％）増加しています。企業規模が小さいほど，収益性（ROA：営業利益／総資産）の平均が低く，分散（標準偏差）が大きくなっています（ハイリスク，ローリターン）。

【純資産の変化：大企業 vs.中小企業】

純資産は，株主からの出資金や企業の事業活動から発生する利益剰余金等で構成されています。大企業の純資産は，1993年度の147.0兆円，2005年度の246.8兆円，2014年度の352.3兆円でした。同じ時期の中小企業の純資産は，73.9兆円，112.3兆円，182.1兆円でした。

2－1　企業の負債・資本構造：大企業 vs.中小企業

【「大企業 vs.中小企業」の資金調達構造（負債・資本構造）の変化】

図表2－3を使って，「大企業 vs.中小企業」の資金調達構造（負債・資本構造）の変化を見ましょう。以下の括弧内は総資産に占める構成比です。

①　仕 入 債 務

大企業の仕入債務は，1993年度の66.9兆円（12.5％），2005年度の80.1兆

円（12.7％），2014年度の71.3兆円（9.0％）でした。同じ時期の中小企業の仕入債務は，98.5兆円（17.4％），75.8兆円（14.0％），68.6兆円（11.9％）と減少しています。

② 金融機関借入

大企業の金融機関借入は，1993年度の211.2兆円（39.3％），2005年度の151.0兆円（23.9％），2014年度の183.5兆円（23.2％）でした。同じ時期の中小企業の金融機関借入は，261.5兆円（46.2％），177.8兆円（32.9％），172.3兆円（29.8％）と減少しています。中小企業の金融機関借入の構成比は大企業より大きくなっています。

③ 金融機関以外からの借入

大企業の金融機関以外からの借入は，1993年度の11.5兆円（2.1％），2005年度の23.0兆円（3.6％），2014年度の36.3兆円（4.6％）と増加しています。同じ時期の中小企業の金融機関以外からの借入は，46.3兆円（8.2％），73.6兆円（13.6％），67.7兆円（11.7％）でした。中小企業の金融機関以外からの借入の構成比は大企業より大きくなっています。

④ その他の債務

大企業のその他の債務は，1993年度の100.6兆円（18.7％），2005年度の129.6兆円（20.6％），2014年度の146.0兆円（18.5％）と増加しています。同じ時期の中小企業のその他の債務は，86.1兆円（15.2％），101.4兆円（18.8％），88.4兆円（15.3％）でした。

⑤ 資本金・資本準備金

大企業の資本金・資本準備金は，1993年度の78.0兆円（14.5％），2005年度の117.8兆円（18.7％），2014年度の172.1兆円（21.8％）と増加しています。同じ時期の中小企業の資本金・資本準備金は，19.7兆円（3.5％），49.7兆円（9.2％），51.7兆円（8.9％）と増加しています。中小企業の資本金・資本準備金の構成比は大企業より小さくなっています。

⑥ 利益剰余金他

大企業の利益剰余金他は，1993年度の69.0兆円（12.9％），2005年度の

129.0兆円（20.5％），2014年度の180.2兆円（22.8％）と増加しています。同じ時期の中小企業の利益剰余金他は，54.1兆円（9.6％），62.6兆円（11.6％），130.4兆円（22.5％）と増加しています。

【仕入債務月商倍率：企業間信用】

　企業間信用取引は，事業者間の商取引の際に生じる「掛取引」（商品売買に伴う代金の受取り・支払いを，ただちに現金で行わず，ある一定期間「猶予する」「猶予してもらう」取引）のことであり，企業の資金調達手段の1つです。財貨・サービスの購入者には買掛金・支払手形，販売者には売掛金・受取手形がそれぞれ発生し，購入者・販売者の間で信用の授受が行われているため，「企業間信用」と呼ばれています。

　企業の「仕入債務／月商」は「仕入債務月商倍率」と呼ばれ，仕入債務（＝買掛金＋支払手形）が月商（月単位の売上）の何倍あるかを示しています。「大企業 vs.中小企業」の仕入債務月商倍率の推移を見ると，製造業，非製造業のいかんにかかわらず，中小企業は大企業より低くなっています。

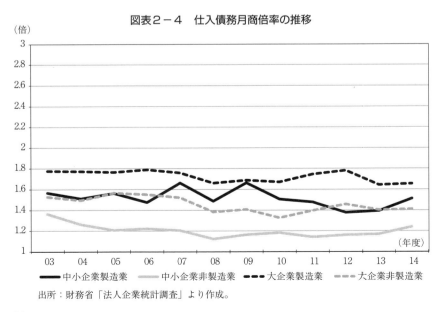

図表2-4　仕入債務月商倍率の推移

出所：財務省「法人企業統計調査」より作成。

2－2　企業の資産構造：大企業 vs.中小企業

【「大企業 vs.中小企業」の資金運用構造（資産構造）の変化】

　図表２－３を使って，「大企業 vs.中小企業」の資金運用構造（資産構造）
の変化を見ましょう。以下の括弧内は総資産に占める構成比です。

① 現 預 金

　　大企業の現預金（現金と預金の合計額）は，1993年度の47.5兆円（8.8％），
2005年度の37.8兆円（6.0％），2014年度の53.7兆円（6.8％）でした。同
じ時期の中小企業の現預金は，83.9兆円(14.8％)，85.7兆円（15.8％），
107.9兆円（18.6％）と増加しています。中小企業の現預金の構成比は大企
業より大きくなっています。

② 売 掛 債 権

　　大企業の売掛債権は，1993年度の95.9兆円（17.8％），2005年度の100.6
兆円（15.9％），2014年度の99.3兆円（12.6％）でした。同じ時期の中小
企業の売掛債権は，103.8兆円（18.3％），91.0兆円（16.8％），87.0兆円
（15.0％）と減少しています。

③ 棚 卸 資 産

　　大企業の棚卸資産は，1993年度の62.0兆円（11.5％），2005年度の45.8兆
円（7.3％），2014年度の48.0兆円（6.1％）でした。同じ時期の中小企業の
棚卸資産は，65.8兆円（11.6％），46.9兆円（8.7％），46.7兆円（8.1％）と
減少しています。

④ 流動資産その他

　　大企業の流動資産その他は，1993年度の52.8兆円（9.8％），2005年度の
58.2兆円（9.2％），2014年度の97.2兆円（12.3％）と増加しています。同じ
時期の中小企業の流動資産その他は，59.1兆円（10.4％），42.9兆円（7.9％），
47.9兆円（8.3％）でした。

⑤　有形固定資産・無形固定資産

　　大企業の有形固定資産・無形固定資産は，1993年度の195.5兆円（36.4％），
2005年度の217.3兆円（34.5％），2014年度の204.0兆円（25.8％）でした。
同じ時期の中小企業の有形固定資産・無形固定資産は，204.1兆円（36.0％），
204.2兆円（37.8％），213.2兆円（36.8％）と増加しています。

⑥　投資等その他

　　大企業の投資等その他は，1993年度の83.6兆円（15.6％），2005年度
の170.8兆円（27.1％），2014年度の287.2兆円（36.4％）と増加していま
す。同じ時期の中小企業の投資等その他は，49.5兆円（8.7％），70.1兆円
（13.0％），76.4兆円（13.2％）と増加しています。投資等その他には，企
業の関係会社への投融資（親会社の子会社への事業資金の貸付，海外現地法
人への出資，Ｍ＆Ａによる企業買収）が多く含まれ，中小企業の投資等その
他の構成比は大企業より小さくなっています。

【売上債権月商倍率：企業間信用】

　企業の「売上債権／月商」は「売上債権月商倍率」と呼ばれ，売上債権（＝
売掛金＋受取手形＋割引手形）が月商（月単位の売上）の何倍あるかを示して
います。「大企業 vs.中小企業」の売上債権月商倍率の推移を見ると，製造業
では，中小企業は大企業を上回ったり下回ったりしています。しかし，非製造
業では，中小企業は大企業よりも低くなっています。

図表2-5 売上債権月商倍率の推移

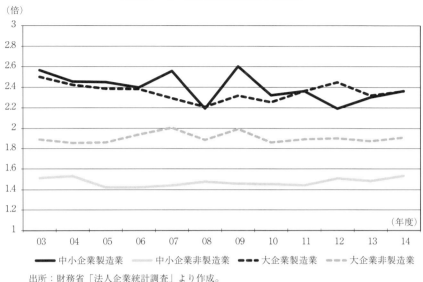

出所：財務省「法人企業統計調査」より作成。

【中小企業の子会社・関連会社等への投融資】

① 国内関係会社への投融資

　「大企業 vs. 中小企業」の国内関係会社への投融資（親会社の子会社への事業資金の貸付，M＆Aによる企業買収）の推移を見ると，中小企業は大企業より小さくなっています。

② 海外関係会社への投融資

　「大企業 vs. 中小企業」の海外関係会社への投融資（海外現地法人への出資，M＆Aによる企業買収）の推移を見ると，中小企業は大企業より小さくなっています。

図表2－6　中小企業1社当たりの子会社・関連会社等への投融資

1社当たりの関係会社への投融資残高の推移
（国内関係会社向け）

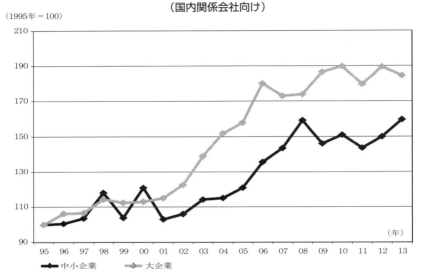

1社当たりの関係会社への投融資残高の推移
（海外関係会社向け）

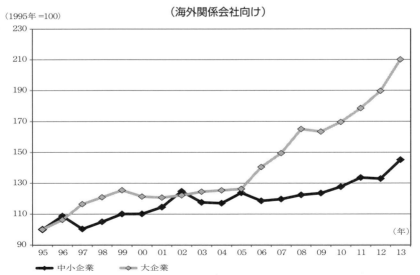

出所：中小企業庁編『中小企業白書2016年版』第2－5－7図より転載。

3　企業の資金繰り：大企業 vs. 中小企業

【資金繰り判断DI（日銀短観）】

　日本銀行「全国企業短期経済観測調査」（日銀短観）は，資本金10億円以上の企業を大企業，資本金２千万円以上１億円未満の企業を中小企業と分類しています。「大企業 vs.中小企業」の資金繰り判断DI（％：資金繰りについて「楽である」と答えた企業の割合から「苦しい」と答えた企業の割合を引いたもの）の推移を見ると，中小企業の資金繰りは大企業と比較して厳しいことがわかります。

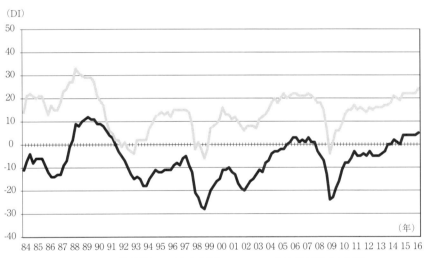

図表２－７　企業の資金繰り：大企業 vs. 中小企業

出所：日本銀行ホームページより作成。

【借入金依存度：企業の資金繰りの健全性】

　借入金依存度は「借入金／総資産」で定義され，総資産を購入するための資金調達のうち，どれくらいを借入金に依存しているのかを示しています。企業

図表2-8 「大企業 vs. 中小企業」の借入金依存度

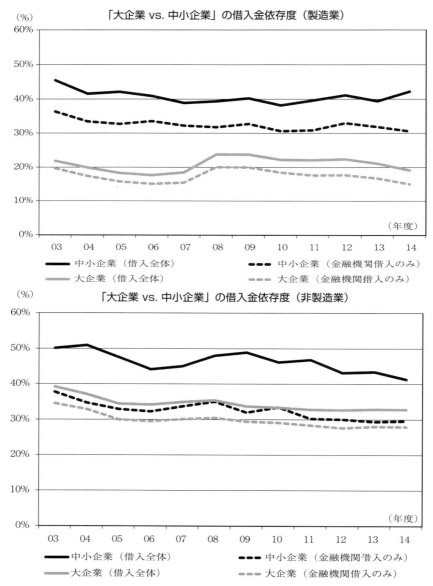

出所：財務省「法人企業統計調査」より作成。

の資金繰りの健全性を測る指標の１つであり，借入金依存度の上昇は資金繰り
に悪影響を及ぼします。

「大企業 vs.中小企業」の借入金依存度の推移を見ると，製造業では中小企
業は大企業よりも高く，非製造業でも中小企業は大企業よりも高くなっていま
す。しかし，非製造業の金融機関からの借入金依存度をみると中小企業と大企
業はほぼ同じであり，中小企業の金融機関以外からの借入金依存度が大企業よ
りも高いことを反映しています。金融機関以外からの借入金は，親会社からの
借入金や代表者からの借入金などです。企業グループを形成し，信用力が最も
高く，借入金利が最も低い親企業が一括して資金調達を行う場合や，財務状況
が悪く金融機関からの借入れができない場合など多様な理由が推察されます。

【借入金月商倍率】

企業の「借入金／月商」は「借入金月商倍率」と呼ばれ，借入金が月商（月
単位の売上）の何倍あるかを示しています。数値が高ければ借入金の負担が重
く，低ければ借入金の負担が軽いことを示しています。「大企業 vs.中小企業」
の借入金月商倍率の推移を見ると，製造業では，中小企業は大企業よりも高く
なっています。しかし，非製造業では，中小企業は大企業よりも低くなってい
ます。

図表2-9 「大企業 vs. 中小企業」の借入金月商倍率

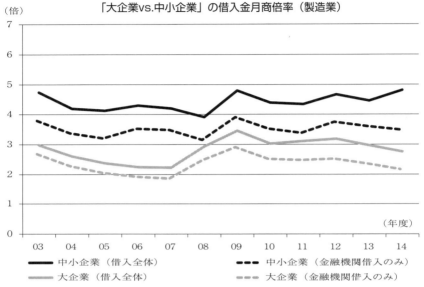

「大企業vs.中小企業」の借入金月商倍率（製造業）

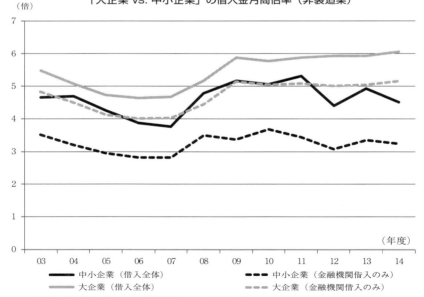

「大企業 vs. 中小企業」の借入金月商倍率（非製造業）

出所：財務省「法人企業統計調査」より作成。

第2章　大企業金融 vs. 中小企業金融

4　企業から見た金融機関の貸出態度：大企業 vs.中小企業

【金融機関の貸出態度判断DI（日銀短観）】

　日銀短観は，金融機関の貸出態度判断DI（％：企業から見て，金融機関の貸出態度について「緩い」と答えた企業の割合から「厳しい」と答えた企業の割合を引いたもの）を算出しています。「大企業 vs.中小企業」の金融機関の貸出態度判断DIの推移を見ると，中小企業から見た金融機関の貸出態度は大企業と比較して厳しいことがわかります。

図表2−10 企業から見た金融機関の貸出態度：大企業 vs. 中小企業

（DI）

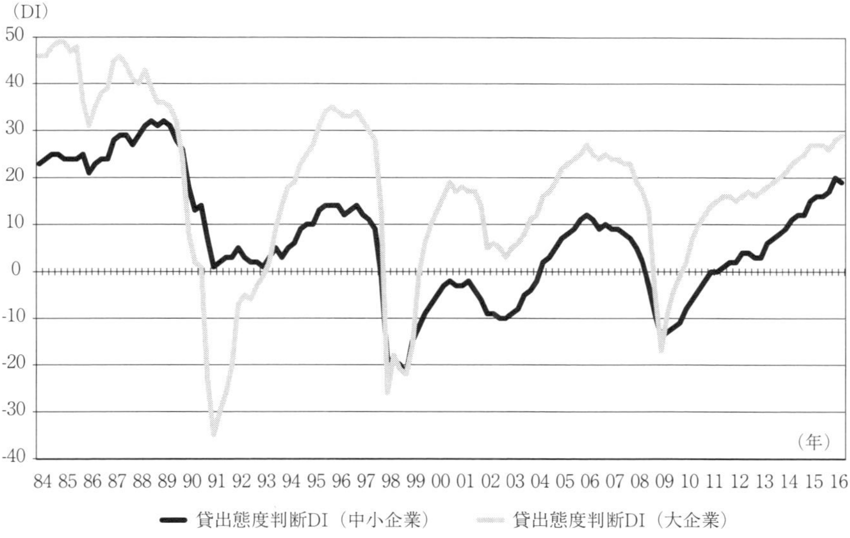

出所：日本銀行ホームページより作成。

5　金融機関貸出の推移：大企業 vs. 中小企業

【国内銀行の企業向け貸出金】

　日本銀行『金融経済月報』（日本銀行ホームページ）から，国内銀行の「大企業 vs. 中小企業」向け貸出（信託勘定，海外店勘定を含む）の推移を知ることができます。

図表2-11　国内銀行貸出の推移：大企業 vs. 中小企業

（注）　国内銀行の法人計（含金融）。信託勘定，海外店勘定も含む。
出所：日本銀行ホームページより作成。

6　規模の経済と「大企業金融 vs. 中小企業金融」

【貸出前は審査，貸出後は債権管理：「事前 vs. 事後」のモニタリング】

　金融取引に関しては，情報が大きな役割を果たしています。中小企業への貸出前を「事前」，貸出後を「事後」と呼ぶと，貸手の借手（中小企業）に関す

る事前の評価（事前のモニタリング）は「審査」，借手（中小企業）に関する事後の評価・行動（事後のモニタリング）は「債権管理」とそれぞれ呼ばれています。金融取引は，取引内容の優劣とは別に，「大企業金融 vs. 中小企業金融」といった取引規模の問題があります。金融取引費用に関しては，「規模の経済」が生じ，中小企業は，企業内容の良し悪しとは関係なく，金融取引費用に関する規模の不利益を被っています。

【貸手における規模の経済 vs. 借手における規模の経済】

（1） 貸手における規模の経済

　貸手によるモニタリング活動は，借手の支払能力・支払努力に関する情報を収集・分析・評価することにちなんで「情報生産」活動と呼ばれています。金融取引の実行に際しては，取引相手を見いだし，取引条件が合意に達するまでの，労力や時間がかかるという「狭義の取引コスト」が発生するほか，モニタリングという情報生産活動を営むに際しても費用負担を求められることになります。狭義の取引コストとモニタリング・コストは「広義の取引コスト」と総称されています。

　貸出先を探すためのマーケティング費用，貸出審査費用，貸出先との関係を維持する費用，債権管理費用などは，融資金額に比例して増減するわけではありません。貸手は大企業，中小企業のいずれに貸し出すにも狭義の取引コストとモニタリング・コストを負担しなければならず，狭義の取引コストとモニタリング・コストには固定費用部分があるため，金融取引には規模の経済があります。狭義の取引の平均費用とモニタリングの平均費用は金融取引量の逓減関数（マイナスの関係）であり，大企業金融取引の平均費用は中小企業金融取引の平均費用より小さくなっています。また，金融取引には規模の経済があることから，貸手は，1件当たりの融資金額が大きな借手（大企業）を優先し，貸出原資が不足している状況下では，中小企業への貸出の優先順位は下がります。

（2）　借手における規模の経済

　資金調達には規模の経済があり，中小企業の資金調達費用は高くなっています。

①　資金調達のための資料作成などの平均費用

　　中小企業（借手）は，貸手に対して，調達資金の使途などに関する書類を作成したり，説明したりしなければなりません。資金調達のための資料作成などの平均費用は資金調達額の逓減関数であり，中小企業の資金調達の平均費用は大企業より大きくなっています。

②　逆選択の克服のためのシグナリング費用

　　貸手が優良な借手に貸出を行わず，不良な借手に貸出を行うことは「逆選択」と呼ばれています。優良な借手が逆選択の問題を克服するためには，借手は自らが優良な借手であることをシグナル発信しなければならず，それにはシグナリング費用がかかります。シグナル発信には規模の経済があり，中小企業のシグナリング費用は高くなっています。

第3章　中小企業金融と中小企業金融政策

【消費者金融，企業金融，中小企業金融】

　金融は，資金（もとで）を融通する対象によって，「消費者金融」と「企業金融」に分類され，企業金融のうち，中小企業を対象とする取引は「中小企業金融」と呼ばれています。ただし，「消費者金融」業者から資金調達をする中小企業もあります。

1　中小企業金融の特徴と課題

【中小企業の資金調達の12の特徴】

　大企業と比べた中小企業の資金調達の特徴は次のとおりです。

① 中小企業の自己資本比率の中央値は低く，ばらつきが大きい。日本の中小企業は，ハイリスク・ローリターンであるにもかかわらず，リスクに対する「備え」である自己資本（資本金，剰余金，利益準備金などの合計）の割合が極端に低い。つまり，日本の中小企業は過小資本，過剰負債の状態であり，自己資本比率が低くなっています。

② 中小企業の負債の中心は借入金です。

③ 企業規模が小さくなるにつれて，外部資金のうち，金融機関からの借入割合が大きく，間接金融が非常に重要な資金調達手段になっています。

④ 中小企業の短期借入金利の中央値は高く，ばらつきが大きい。高めの金利支払いを行っています。

⑤ 企業規模が小さくなるにつれて，メインバンクへの担保（物的担保）を提供している割合が高くなっています。また，メインバンクへの保証（代表者

43

個人等の人的担保，信用保証協会の利用）を提供している割合が高くなっています。

⑥　銀行借入については，通常，ある金利，担保，保証の下で，いくらまでという借入上限が定められています。企業規模が小さいほど，メインバンクから借入拒絶・減額対応を受けた割合が高くなっています。

⑦　企業規模が小さくなるにつれて，取引先金融機関は大手銀行（都市銀行・長期信用銀行・信託銀行）ではなく，中小・地域金融機関（地方銀行，第二地方銀行，信用金庫，信用組合）になっています。

⑧　企業規模が小さくなるにつれて，取引先金融機関の数は減少しています。

⑨　直接金融へのアクセスが少なく，社債などがほとんど利用されていません。

⑩　公募債による調達は発行企業の信用力がかなり高くなければ難しく，資金調達手段が多様化されていません。

⑪　金融機関からの短期借入金を借り換え続けることによって，根雪のようになった借入金を，いわば疑似資本のように扱うことにより，脆弱な財務基盤（自己資本の不足）を補っています。借手（中小企業）は当該資金の回収を要求されることはないとの錯覚をもっています。

⑫　経営の独立性を求め，他人資本（株式による出資）を受け入れることに抵抗感があり，株式公開を志向していません。

【中小企業の資金調達条件】
　　より良好な条件で資金調達している中小企業が，それ以外の中小企業とどのような点で異なっているのかは次のとおりです。

（1）　短期借入金利

①　企業規模（従業員規模ベース）が小さくなるにつれて，短期借入金利は高くなっています。

②　自己資本比率（＝自己資本／総資本：企業の体力・資力の安定性の指標）が高くなるほど，短期借入金利は低くなっています。

③　債務償還年数［＝借入総額／（経常利益×50％＋減価償却費−役員賞与−配当金）：企業の返済能力の指標］が短期化するほど，短期借入金利は低くなっています。

④　メインバンクとの取引年数が長いほど，短期借入金利は低くなっています。

⑤　メインバンクの業態が大手銀行（都市銀行・長期信用銀行・信託銀行），地方銀行・第二地方銀行，信用金庫・信用組合の順番に短期借入金利は高くなっています。

⑥　企業年齢（企業の安定性の指標）と短期借入金利との間に統計的に有意な関係はありません。

⑦　総資本営業利益率（＝営業利益／総資本：企業の総合的な収益性の指標）と短期借入金利との間に統計的に有意な関係はありません。中小企業への貸出条件の設定に際し，金融機関は現在の利益（総資本営業利益率）よりも，過去の利益の蓄積である自己資本比率を重視しています。

⑧　取引金融機関の数が少ないほど，短期借入金利は低くなっています。貸出・借入金利は金融機関と企業との相対取引で決定され，一方では企業にとってメインバンク以外の取引金融機関がないと交渉力が弱くなり，借入金利は高くなるように思えるが，他方で取引金融機関の数が少ない企業はリスクが低いと判断され，借入金利は低くなっています。

（2）「信用」の利用可能性（Credit Availability＝金融機関から貸出を受ける難易度を示す）

①　企業規模（従業員規模ベース）が小さくなるにつれて，信用の利用可能性は低くなっています。

②　自己資本比率（企業の体力・資力の安定性の指標）が高くなるほど，信用の利用可能性は高くなっています。

③　債務償還年数が短期化するほど，信用の利用可能性は高くなっています。

④　メインバンクとの取引年数が長いほど，信用の利用可能性は高くなっています。

⑤　メインバンクの業態が大手銀行（都市銀行・長期信用銀行・信託銀行），地方銀行・第二地方銀行，信用金庫・信用組合の順番に信用の利用可能性は低くなっています。

⑥　企業年齢（企業の安定性の指標）と信用の利用可能性との間に統計的に有意な関係はありません。

⑦　総資本営業利益率が高くなるほど，信用の利用可能性は高くなっています。

⑧　取引金融機関の数が少ないほど，信用の利用可能性は高くなっています。

【中小企業金融の４つの課題】

中小企業金融の課題は次の４つです。

①　自己資本比率は財務の安全性を示す指標の１つであり，中小企業の財務体質は相対的に脆弱であり，信用度が劣っています。

②　中小企業の情報開示の質・量は不足しています。

③　中小企業が金融知識を持った財務担当者を確保するのは難しいです。

④　中小企業が新たな資金調達手段を利用するときは事務手続きなども新たに発生することになり，事務コストがかかります。

2　中小企業の資金調達チャネル：「内部金融 vs.外部金融」と「間接金融 vs.直接金融」

【中小企業の資金調達手段：内部金融（内部資金）vs.外部金融（外部資金）】

中小企業の資金調達手段には，「内部金融 vs.外部金融」といった選択肢があります。中小企業にとって，所要資金を，内部資金（企業内部から調達する資金）で賄うことができればよいのですが，内部資金だけでは不十分であるため，外部資金（企業が外部から調達する資金）に頼っています。

第3章　中小企業金融と中小企業金融政策

【内部金融（内部資金）】

　内部金融（内部資金）は企業内部で形成・蓄積された資金による金融であり，次の2つの資金調達源泉があります。

①　内部留保積立金（社内留保）

　　内部留保積立金（社内留保）は，企業内部に留保され蓄積された利益のことです。

②　減価償却積立金（減価償却費）

　　減価償却積立金（減価償却費）は，補填（置換・更新）投資のための貯蓄です。

【外部金融（外部資金）】

　外部金融（外部資金）は，資金調達の源泉を企業の外部に求めた金融です。外部金融には，「直接金融」「間接金融」「企業間信用」「ファイナンス・リース」などがありますが，中小企業にとっては，間接金融が非常に重要な資金調達手段であり，直接金融（株式，公募社債など）はほとんど利用されていません。

(1)　直 接 金 融

　直接金融は，最終的借手（中小企業）が最終的貸手（デット投資家（債権者），エクイティ投資家（株主））から，次のような手段によって，直接に資金を調達することです。

①　株式

　　株式を発行することによって事業資金を集め，それを元手に活動して利益をあげることを目的とした会社は「株式会社」と呼ばれています。株式会社へ株式として出資された資金は，会社が存続する限り払い戻されません。

②　社債（公募債，私募債）

　　債券（公社債）は，国，地方公共団体，公共機関，企業などが投資家（デット投資家（債権者））から資金調達を行うために発行する債務証書

47

（いわば借用証書）です。一般事業法人（中小企業を含む）の発行する債券は「社債（事業債）」と呼ばれ，発行体（中小企業を含む）は，発行時に定めた条件に基づき，償還日（返済の最終期日）までの期間中は定期的に利息を支払うほか，満期日（償還日）に額面金額で償還（返済）することを約束しています。

③　コマーシャル・ペーパー（CP）

CPはコマーシャル・ペーパーの略称で，企業が短期の資金調達のために発行する無担保の約束手形のことです。

（2）　間接金融（借入金）

間接金融は，最終的借手（中小企業）が，以下のような金融仲介機関を介して最終的貸手（預貯金者など）から間接に資金を調達することです。

① 　銀行

② 　保険会社

③ 　ノンバンク

④ 　政府系金融機関

（3）　企業間信用

企業間信用は，企業間の商品売買に伴う代金の支払いを，ただちに現金で行わず，ある一定期間の猶予をしてもらうことです。

（4）　ファイナンス・リース

ファイナンス・リースは，すでに貸手（リース会社）が保有している物件の中から借手（ユーザー：中小企業）が選んで借りるのではなく，ユーザー（中小企業）が選んだものをリース会社がユーザーに代わって購入し，長期間ユーザーに貸与する取引で，ユーザーである中小企業は合意されたリース料（物件の購入代金，金利，固定資産税，損害保険料など）をリース会社に支払うことです。

第3章　中小企業金融と中小企業金融政策

3　中小企業の資金調達：運転資金 vs. 設備資金

　中小企業は，運転資金・設備資金を調達しながら，事業を維持・拡大しています。

【中小企業の資金調達：運転資金】

　製造業は原材料を仕入れ，商品を製造・販売しています。事業者間の商取引の際に生じる掛取引は「企業間信用取引」と呼ばれています。製造企業は，企業間信用を利用すると，原材料の仕入れ時には仕入債務（買掛金，支払手形），商品の製造時には棚卸資産（＝製品・商品＋仕掛品＋原材料・貯蔵品），商品の販売時には売上債権（売掛金，受取手形，割引手形）がそれぞれ発生します。仕入債務は立て替えをしてもらっている資金，棚卸資産，売上債権は現金化されていないため立て替えている資金であり，「立て替えをしてもらっている資

図表３－１　貸借対照表と損益計算書の構造

貸借対照表

資　　産		負債（他人資本）	
流動資産	現金・預金	流動負債	支払手形・買掛金
	受取手形・売掛金 割引手形		
			短期借入金
	有価証券		
	商品・製品	固定負債	社債
	仕掛品		長期借入金
	原材料・貯蔵品		退職給付引当金
	その他		その他
	貸倒引当金	純資産（自己資本）	
固定資産	有形固定資産	株主資本	資本金
	無形固定資産		資本剰余金
	投資その他資産		利益剰余金

損益計算書

```
売上高
 －売上原価
          ＝売上総利益

 －販売費・一般管理費
          ＝営業利益

 ＋営業外収益
    受取利息
    受取配当金
 －営業外費用
    支払利息
          ＝経常利益

 ＋特別利益
 －特別損失
          ＝税引前当期純利益

 －法人税等
          ＝当期純利益
```

49

図表３－２　中小企業の必要運転資金

(1) 必要運転資金が発生する例とその規模が拡大した場合

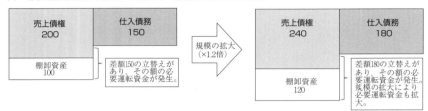

(2) 必要運転資金が発生しない例とその規模が拡大した場合

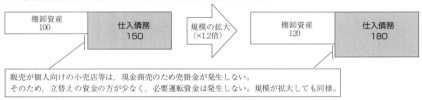

出所：中小企業庁編『中小企業白書2016年版』第２－５－９図より転載。

金（仕入債務）＜立て替えている資金（棚卸資産＋売上債権）」のとき，企業には「必要運転資金」が発生します。事業規模が拡大すれば，必要運転資金は増大します。

【「売上債権月商倍率－仕入債務月商倍率」＝「サイトギャップ」】

「必要運転資金」は「立て替えている資金（棚卸資産＋売上債権）－立て替えをしてもらっている資金（仕入債務）」と計算されます。企業の「必要運転資金／月商」は「必要運転資金月商倍率」と呼ばれ，企業の必要運転資金が企業の月商（月単位の売上）の何倍であるのかを示しています。

必要運転資金月商倍率＝棚卸資産月商倍率＋売上債権月商倍率－仕入債務月商倍率

であり，「売上債権月商倍率－仕入債務月商倍率」は「サイトギャップ」と呼ばれています。「大企業 vs. 中小企業」のサイトギャップの推移を見ると，製造業では，中小企業は大企業より大きいのですが，非製造業では中小企業は大企業よりも小さくなっています。

第3章　中小企業金融と中小企業金融政策

【必要運転資金月商倍率】
　「大企業 vs.中小企業」の必要運転資金月商倍率の推移を見ると，製造業では，中小企業は大企業より高くなっています。しかし，非製造業では，中小企業は大企業よりも低くなっています。

図表３－３　必要運転資金月商倍率

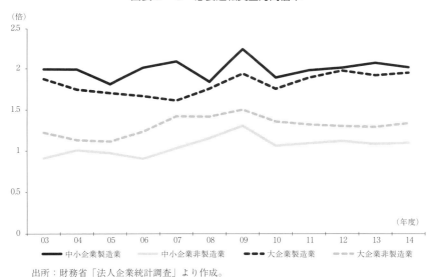

出所：財務省「法人企業統計調査」より作成。

【棚卸資産月商倍率，売上債権月商倍率，仕入債務月商倍率】
① 棚卸資産月商倍率
　　「大企業 vs.中小企業」の棚卸資産月商倍率の推移を見ると，製造業・非製造業ともに，中小企業の棚卸資産月商倍率は大企業の棚卸資産月商倍率を上回ったり，下回ったりしています。
② 売上債権月商倍率
　　企業の「売上債権／月商」は「売上債権月商倍率」と呼ばれ，企業の売上債権（＝売掛金＋受取手形＋割引手形）が企業の月商（月単位の売上）の何倍あるかを示しています。「大企業 vs.中小企業」の売上債権月商倍率の推

51

移を見ると，製造業では中小企業は大企業を上回ったり，下回ったりしています。しかし，非製造業では中小企業は大企業よりも低くなっています。

③　仕入債務月商倍率

　　企業の「仕入債務／月商」は「仕入債務月商倍率」と呼ばれ，企業の仕入債務（＝買掛金＋支払手形）が企業の月商の何倍あるかを示しています。「大企業 vs. 中小企業」の仕入債務月商倍率の推移を見ると，製造業，非製造業のいかんにかかわらず，中小企業は大企業より低くなっています。

図表３－４　売上債権月商倍率と仕入債務月商倍率

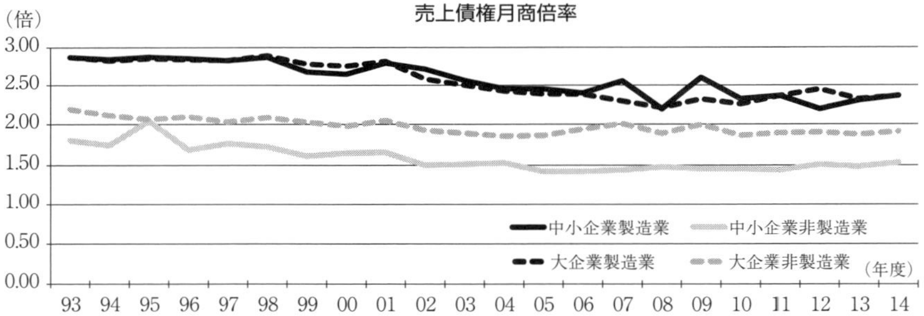

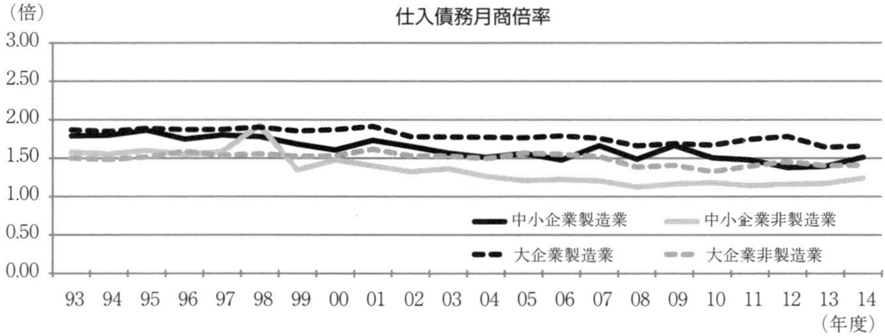

売上債権月商倍率

仕入債務月商倍率

出所：中小企業庁編「中小企業白書2016年版」第２－５－８図より転載。

第3章　中小企業金融と中小企業金融政策

【中小企業の資金調達：設備資金】

　「大企業 vs.中小企業」の設備投資の推移を見ると，中小企業は大企業を上回ったり，下回ったりしています。企業は，固定資産（工場・店舗，機械設備など）を取得するのに設備資金が必要になります。

図表3−5　設備投資の推移

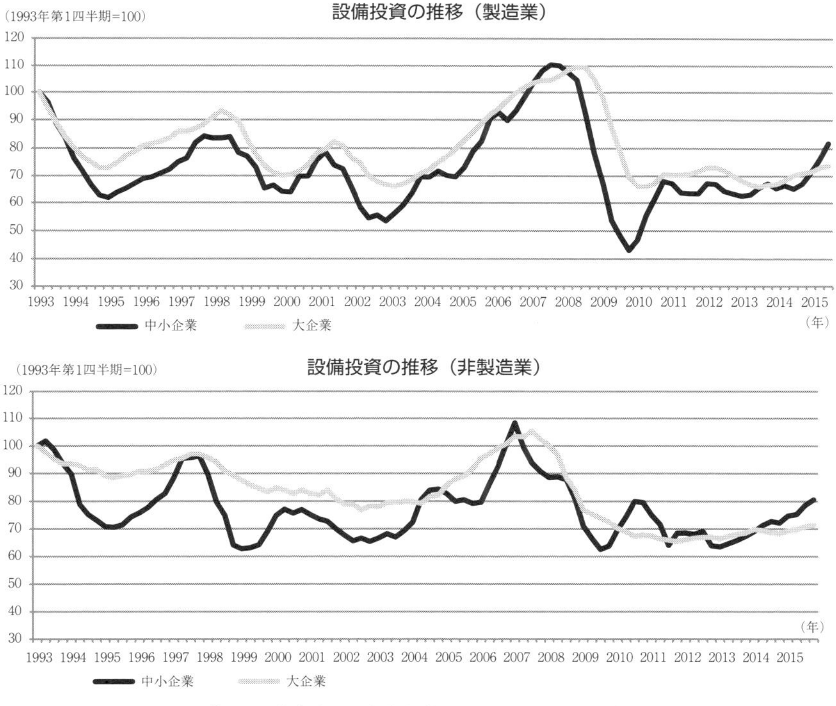

設備投資の推移（製造業）

（1993年第1四半期＝100）

設備投資の推移（非製造業）

（1993年第1四半期＝100）

出所：中小企業庁編『中小企業白書2016年版』第2−5−6図より転載。

4　企業の成長段階別の資金調達

【企業の4つの成長段階と資金繰り・負債比率】

　企業は「起業（創業）」「成長」「成熟」「衰退」の4つの成長段階に分けられ，それぞれの段階に応じた経営課題を抱えています。資金繰りを経営課題として

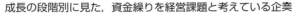

図表３－６　企業の４つの成長段階と資金繰り・負債比率

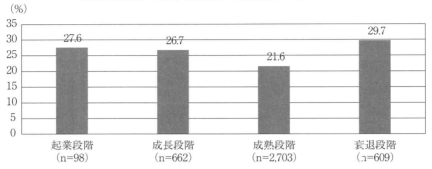

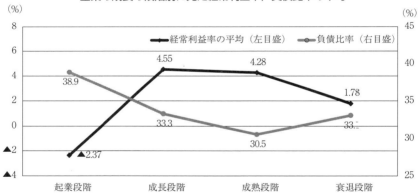

出所：中小企業庁編『中小企業白書2016年版』第２－５－35図より転載。

挙げる割合は，起業段階，成長段階，成熟段階と段階が進むにつれて低下していますが，衰退段階には上昇しています。負債比率の平均は，起業段階，成長段階，成熟段階と段階が進むにつれて低下していますが，衰退段階には上昇しています。

第3章　中小企業金融と中小企業金融政策

図表３－７　中小企業が成長するための経営課題

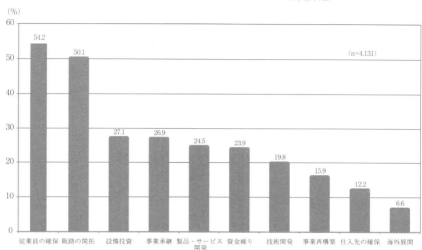

出所：中小企業庁編『中小企業白書2016年版』第２－５－34図より転載。

図表３－８　企業の４つの成長段階

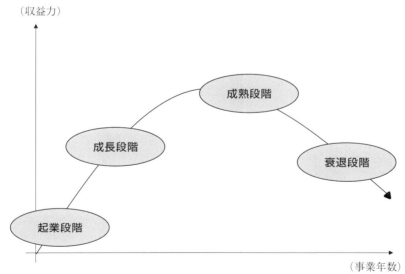

出所：中小企業庁編『中小企業白書2016年版』第２－５－33図より転載。

55

【「中小企業が成長するための経営課題」を解決するのに必要な資金の調達先】

（1） 金融機関借入のある企業

　中小企業が成長するための経営課題を解決するのに必要な資金の調達先は，「金融機関からの借入れ」85.8％，「内部留保」22.9％，「経営者等の個人資金」20.2％の順番です。

（2） 金融機関借入のない企業（無借金企業）

　無借金企業では，「内部留保」44.5％，「経営者等の個人資金」25.4％，「親会社・関係会社からの借入れ」23.4％の順番です。

図表３－９　「中小企業が成長するための経営課題」を解決するのに必要な資金の調達先

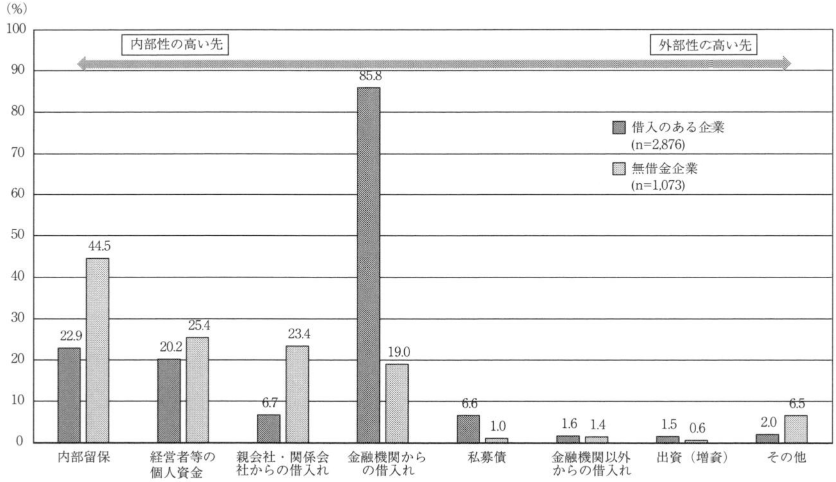

出所：中小企業庁編『中小企業白書2016年版』第２－５－37図より転載。

　金融機関借入のある企業は外部資金調達（金融機関からの借入）に積極的ですが，金融機関借入のない企業（無借金企業）は内部資金調達（内部留保）を重視しています。また，金融機関借入の有無にかかわらず，中小企業は出資

（増資）による資金調達をほとんど行っておらず，それは間接金融が大半で，直接金融がごくわずかであることを示しています。

【金融機関の中小企業に対する理解度：企業の４つの成長段階別】

中小企業から見た，金融機関の中小企業の経営課題に対する理解度は，中小企業の４つの成長段階別に以下のとおりです。

① 「十分に把握している」と感じている中小企業の割合は，起業段階5.3％，成長段階12.3％，成熟段階9.3％，衰退段階6.6％と，成長段階が最も高くなっています。

② 「ある程度把握している」と感じている中小企業の割合は，起業段階44.2％，成長段階52.7％，成熟段階52.9％，衰退段階37.9％と，成長段階と成熟段階で高くなっています。

③ 「ほとんど把握していない」「把握していない」と感じている中小企業の割合は，起業段階34.7％，成長段階23.9％，成熟段階26.0％，衰退段階43.1％であり，起業段階と衰退段階で高くなっています。

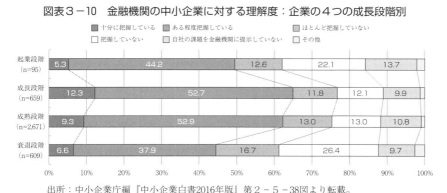

図表３−10　金融機関の中小企業に対する理解度：企業の４つの成長段階別

出所：中小企業庁編『中小企業白書2016年版』第２−５−38図より転載。

【中小企業のメインバンクとの面談頻度：企業の４つの成長段階別】

中小企業のメインバンクとの面談頻度は，中小企業の４つの成長段階別に以下のとおりです。

① 「1カ月に2回以上」の割合は，起業段階22.4%，成長段階27.3%，成熟段階30.8%，衰退段階21.6%です。

② 「1カ月に1回程度」の割合は，起業段階27.6%，成長段階37.4%，成熟段階35.4%，衰退段階29.6%です。

③ 「3カ月に1回程度」「半年に1回程度」の割合は，起業段階32.7%，成長段階22.6%，成熟段階23.2%，衰退段階25.0%であり，起業段階と衰退段階で高くなっています。

図表3－11　中小企業のメインバンクとの面談頻度：企業の4つの成長段階別

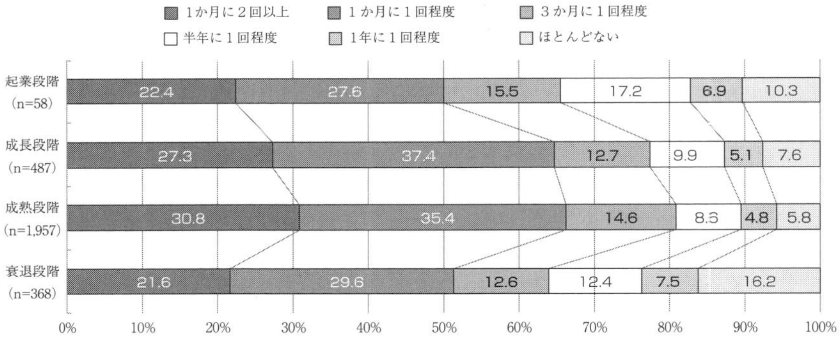

凡例：■1か月に2回以上　■1か月に1回程度　■3か月に1回程度　□半年に1回程度　■1年に1回程度　□ほとんどない

段階	1か月に2回以上	1か月に1回程度	3か月に1回程度	半年に1回程度	1年に1回程度	ほとんどない
起業段階 (n=58)	22.4	27.6	15.5	17.2	6.9	10.3
成長段階 (n=487)	27.3	37.4	12.7	9.9	5.1	7.6
成熟段階 (n=1,957)	30.8	35.4	14.6	8.5	4.8	5.8
衰退段階 (n=368)	21.6	29.6	12.6	12.4	7.5	16.2

出所：中小企業庁編『中小企業白書2016年版』第2－5－39図より転載。

5　中小企業金融における「借手 vs.貸手・出資者」のニーズ

中小企業金融が円滑に行われるための基盤は，借手（中小企業）のニーズと貸手・出資者（金融機関，デット投資家（債権者），エクイティ投資家（株主））のニーズを合致させることです。デット投資家（債権者）は企業の負債に投資し，エクイティ投資家（株主）は純資産（資本）へ投資を行います。それぞれのニーズはどのように異なっているのでしょうか。

【借手（中小企業）の資金調達ニーズ】

借手（中小企業）の資金調達ニーズは次の5つです。

第3章　中小企業金融と中小企業金融政策

① 経営環境の変化に対応した事業インフラを整備しなければなりません。中小企業は，事業インフラ整備資金を，継続的にかつ安定的に確保したい。
② 時機に応じた融資を受けたい。
③ 担保・保証なしに融資を受けたい。
④ 経営の自主性を確保したい。
⑤ 経営環境の変化が激しいときには，前向きな事業展開を行うためのリスクマネーを確保したい。

【貸手（金融機関，投資家）のニーズ】

貸手・出資者（金融機関，投資家）のニーズは次のものです。

(1) 貸手（金融機関）のニーズ
① 貸出金の回収を行いたい。
② リスクに見合ったリターンを確保したい(注1)。
③ 借手（中小企業）の業績および財務内容の改善（コベナンツ，DESなど）を通じて債権保全への関与を行いたい(注2)。
④ 資金調達が短期の預金中心であるので，短期貸出を選びたい。

(2) 貸手（デット投資家（債権者））のニーズ
① 借手（中小企業）との取引採算を計算し，採算がとれていない借手に対しては，採算が合うように貸出金利を上げようとします。
② デット（債権）の証券化を行おうとするときには，デット（債権）の不良債権化には大数の法則が成立したい。
③ デット（債権）のキャッシュフローの予測を行いたい。
④ 債権・債務の契約書の標準化を行いたい。
⑤ 借手（中小企業）のコーポレートガバナンスを確立したい。
⑥ 借手（中小企業）の財務諸表の信頼性を確保したい。

59

⑦　モニタリングの観点から短期貸出を選び，その更新時に条件面の交渉等で
　　ガバナンスを効かせたい。

⑧　配当収入やキャピタルゲインという不安定な収入（ハイリスク，ハイリ
　　ターン）よりも，利息収入を選びたい。

(3)　出資者（エクイティ投資家（株主））のニーズ

①　中小企業の事業の再構築を行うために経営支配権を確保したい。

②　エクイティバリュー（株式価値）向上による利益を得たい。

③　中小企業のコーポレートガバナンスを確立したい。

④　中小企業の財務諸表の信頼性を確保したい。

6　中小企業基本法と中小企業金融政策

　これまでに「中小企業金融の特徴と課題」を把握してきましたが，中小企業
基本法は中小企業金融について，どのように記述し，中小企業金融政策を展開
しようとしているのでしょうか。基本法の条文から考察しましょう。

【中小企業政策の基本方針：中小企業基本法第5条】

　改正中小企業基本法（1999年）第5条（基本方針）は，「中小企業に対する
資金の供給の円滑化及び中小企業の自己資本の充実を図ること。」を中小企業
政策の基本方針の1つとして挙げています。つまり，「中小企業に対する資金
の供給の円滑化」と「中小企業の自己資本の充実」は中小企業政策の基本方針
の1つです。

【改正中小企業基本法と中小企業金融：第4節（資金の供給の円滑化及び自己資本の充実）】

　改正中小企業基本法は，中小企業に関する施策について，国および地方公共
団体の責務などを規定し，同法第9条（法制上の措置等）は「政府は，中小企

第3章　中小企業金融と中小企業金融政策

業に関する施策を実施するため必要な法制上，財政上及び金融上の措置を講じなければならない。」と記し，同法第4節（資金の供給の円滑化及び自己資本の充実）は次の2つの条文からなっています。

（1）　資金の供給の円滑化（第25条）

「国は，中小企業に対する資金の供給の円滑化を図るため，政府関係金融機関の機能の強化，信用補完事業の充実，民間金融機関からの中小企業に対する適正な融資の指導その他の必要な施策を講ずるものとする。」つまり，中小企業に対する資金供給の円滑化策として，主として，①政府関係金融機関の機能の強化，②信用補完事業の充実，③民間金融機関からの中小企業に対する適正な融資の指導の3つを挙げています。

（2）　自己資本の充実（第26条）

「国は，中小企業の自己資本の充実を図り，その経営基盤の強化に資するため，中小企業に対する投資の円滑化のための制度の整備，租税負担の適正化その他の必要な施策を講ずるものとする。」つまり，中小企業の自己資本の充実策として，主として，①中小企業に対する投資の円滑化のための制度の整備，②租税負担の適正化の2つを挙げています。

図3－12　中小企業金融の政策基本方針

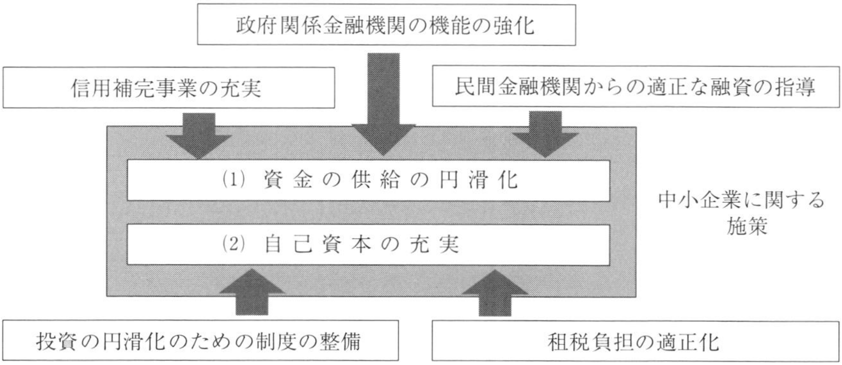

政府関係金融機関の機能の強化

信用補完事業の充実　　　　　　民間金融機関からの適正な融資の指導

（1）資金の供給の円滑化

（2）自己資本の充実

中小企業に関する施策

投資の円滑化のための制度の整備　　　　租税負担の適正化

61

【改正中小企業基本法と中小企業金融に関する施策（中小企業金融政策）】

　改正中小企業基本法第４節（資金の供給の円滑化及び自己資本の充実）は第25条（資金の供給の円滑化）と第26条（自己資本の充実）の２つからなっていますが，同法の中から，中小企業金融に関する施策（中小企業金融政策）を取り上げると以下のものがあります。

（1）　創業の促進（第13条）

　「国は，中小企業の創業，特に女性や青年による中小企業の創業を促進するため，（中略）創業に必要な資金の円滑な供給その他の必要な施策を講ずる（後略）」

（2）　創造的な事業活動の促進（第14条）

　「国は，中小企業の創造的な事業活動を促進するため，（中略）資金の株式又は社債その他の手段による調達を円滑にするための制度の整備その他の必要な施策を講ずるものとする。」

（3）　海外における事業展開の促進（第16条）

　「国は，中小企業者がその事業基盤を国内に維持しつつ行う海外における事業の展開を促進するため，（中略）海外における事業の展開に必要な資金の円滑な供給その他の必要な施策を講ずる（後略）」

（4）　情報通信技術の活用の推進（第17条）

　「国は，中小企業の情報通信技術の活用の推進を図るため，（中略）情報通信技術の活用に必要な資金の円滑な供給その他の必要な施策を講ずるものとする。」

（5）　共済制度の整備（第24条第３項）

　「国は，取引先企業の倒産の影響を受けて中小企業が倒産する等の事態の発

第3章　中小企業金融と中小企業金融政策

生を防止するため，中小企業に関して実施する共済制度の整備その他の必要な施策を講ずるものとする。」

つまり，国は，①創業の促進，創造的な事業活動の促進，海外における事業展開の促進のために，資金の供給の円滑化を行うこと，②中小企業の倒産等の発生を防止するために，共済制度の整備を行うこと，といった2種類の中小企業金融政策を挙げています。

7　中小企業金融と地域経済

【地域の範域と地域経済構造の変化】

一般には，地域の範域は，客観的指標と主観的指標によって設定されます。客観的指標には，「指標（政治的，行政的，経済的，人口学的，文化的な指標あるいは年齢，職業，学歴，収入，パーソナリティ特性）の同質性に基づくローカリティ」「有機的関連性（運輸，交通，通信機関，政治行政組織，経済組織，教育制度などの地域的体系）に基づくローカリティ」「施設および機関（社会的諸資源）利用に基づくローカリティ」の3つがあります。また，（地域住民による）主観的指標には，「（地域帰属意識や地域特性の自覚などの形で）認知されたローカリティ」「（地域に関する利害関心の多寡によって）評価されたローカリティ」「（「心の糸」になるシンボルによって）愛着されたローカリティ」の3つがあります。

「地域」は中小企業が事業を営む場であり，地域経済の構造は，以下のように大きく変化し，こうした変化は，そこに住む人々の暮らしに大きな変化をもたらし，人々が抱える課題も多様化・深刻化しています。

①　人口減少や消費者ニーズの変化による小規模小売店の減少，グローバル化に伴う製造業事業所数の減少が生じています。

②　高齢化の進行により医療・福祉の事業所数は大きく増加しています。

③　地域経済を支える産業は多様化してきており，特定の産業が地域を牽引していくことは難しくなっています。こうした状況においては，地域に固有の

63

資源（地域資源）の活用が重要となっています。

【地域金融の定義と地域金融機関】

地域金融は，一般には「地域に密着した金融」「地域の活性化・個性化に寄与する金融」と定義され，金融制度調査会金融制度第一委員会は，地域金融を「地域（国内のある限られた圏域）の住民，地元企業及び地方公共団体等のニーズに対する金融サービス」と定義しています。

地域金融機関は「地域に立脚する金融機関」「地域に根ざした金融機関」「地域社会のことをまず第一に考え，地域社会の単位で仕事をし，地域社会の人々と直接的にかつ密接に結びついている金融機関」「地域社会のあらゆる必要に応ずる金融機関」「一般大衆，特に地域的な一般大衆を対象とするような金融機関」「地域社会の特色と必要性を満たす金融機関」「庶民の金融機関」「学区単位の金融機関」「三ちゃんバンク」（かあちゃん，坊っちゃん，嬢ちゃんの移動範囲を営業区域とする金融機関）「ホルモン情報を処理する地域拠点」と呼ばれています。

〔脚注〕
（注1）　リスクに見合ったリターンを確保できなくて貸出を行わないとき，それはしばしば「貸し渋り」「貸し剥がし」と呼ばれています。
（注2）　借手が貸手が望まない危険度の高い投資プロジェクトを実行することは「モラルハザード」と呼ばれています。中小企業の自己資本比率は大企業より著しく小さく，自己資本比率の低い企業ほどモラルハザードを起こしやすいため，中小企業は大企業に比べて資金調達が難しい。借手はモラルハザードを起こさないことを示すために，借入条件の中に3カ月ごとに財務諸表を提出し，一定レベルを下回ったときには残債の一括弁済を行う特約条項（コベナンツ）を盛り込んでいます。また，DES（Debt Equity Swap）は「債務の株式化」と呼ばれており，債務を株式と交換する手法で，経営が悪化した企業の借入金負担を減らすことが可能になります。

第4章	中小企業金融と金融機関： 間接金融

1 中小企業の資金調達構造の変遷

　中小企業と金融機関の関係について考察してみましょう。大企業と比べれば，中小企業の資金調達手段および資金調達先は限られています。

【中小企業の資金調達構造の変遷】

（1）　第二次世界大戦後から1980年頃まで

　第二次世界大戦後復興期および高度経済成長期においては，金融機関の長期貸出は大企業向け中心であり，中小企業は金融機関からの短期借入および企業間信用による資金調達が中心でした。1985年のプラザ合意以降，円高進行を抑えるための，日本銀行による長期にわたる金融緩和政策は市場に大量の資金を供給し，大企業は財務体質の改善などをねらって直接金融（株式・社債の発行）による資金調達を増やしたため，金融機関，とくに都市銀行の貸出はこれまで手薄だった中小企業に向かうようになりました。中小企業は，設備投資資金を金融機関からの長期借入により調達できるようになって，短期借入を繰り返すことはなくなりましたが，中小企業の金融機関借入依存はますます高くなり，大企業と中小企業の自己資本比率格差は大きくなりました。

（2）　1990年代

　1990年代に入り，バブル経済が崩壊して不動産・株式などの資産の価格が急

落し，金融機関は不良債権を大量に抱えるようになり，また金融システム安定化の中で自己資本比率の維持・向上を図らなければならず，金融機関は貸出審査を厳格化しました。これがいわゆる「貸し渋り・貸し剥がし」をもたらし，中小企業の資金繰りに悪影響を与えました。

(3)　2000年代

2000年代以降，中小企業の資金調達手段の多様化がうたわれ，口小企業の自己資本比率は上昇し，社債発行による資金調達もわずかながら見られるようになりました。

2　中小企業の資金調達手法：無借金企業 vs.有借金企業

【無借金中小企業の業種別構成】

中小企業庁編『中小企業白書』（2016年版）は，資本金10億円以上の企業を大企業，資本金1億円未満の企業を中小企業と分類し，当期末に金融機関借入がない企業を「無借金企業」と定義しています。大企業・中小企業ともに無借金企業の割合は上昇しています。中小企業は収益力格差が拡大し，無借金企業の割合が増加しています。無借金中小企業の業種別構成比と，中小企業全体の業種別構成比を比較すると，「建設業」「製造業」「卸売業，小売業」は企業全体の構成比に比べ無借金企業の割合は小さくなっています。逆に，「情報通信業」「不動産業，物品賃貸業」「学術研究，専門・技術サービス業」は企業全体の構成比に比べ無借金企業の割合は大きくなっています。

第4章 中小企業金融と金融機関：間接金融

図表4-1 無借金企業の割合：大企業 vs. 中小企業

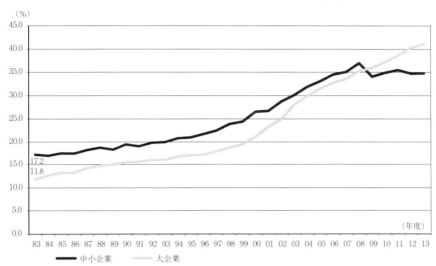

出所：中小企業庁編『中小企業白書2016年版』第2-5-16図より転載。

図表4-2 無借金中小企業の業種別構成

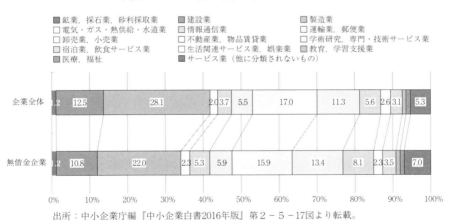

出所：中小企業庁編『中小企業白書2016年版』第2-5-17図より転載。

67

【中小企業の負債比率】

　金融機関借入がある中小企業の負債比率の推移を見ましょう。負債比率は，1984年には30％以内の企業が多く，99年には30％以内の企業が減少し，2014年には30％以内の企業の割合が1999年に比べわずかに上昇しています。

図表4－3　中小企業の負債比率

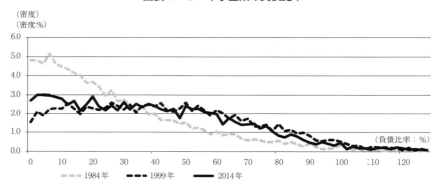

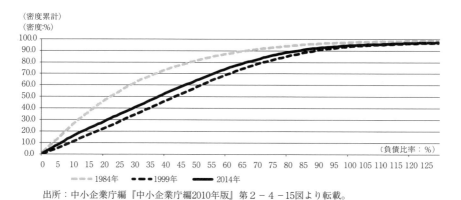

出所：中小企業庁編『中小企業庁編2010年版』第2－4－15図より転載。

第4章 中小企業金融と金融機関：間接金融

【中小企業の収益力とメインバンクとの面談頻度：無借金企業 vs.金融機関借入のある企業】

　中小企業庁編『中小企業白書』（2016年版）は，「無借金企業」「金融機関借入のある企業全体」の収益力（経常利益率）とメインバンクとの面談頻度についての差異を論じています。

（1） 中小企業の収益力：経常利益率
　借入金状況別に見た中小企業の経常利益率は次のとおりです。
① 　無借金企業の経常利益率は金融機関借入のある企業より高い。ただし，両企業の経常利益率の差は小さくなっています。
② 　無借金企業の経常利益率のバラツキは金融機関借入のある企業のバラツキより大きい。

図表4－4　経常利益率の推移：無借金企業 vs.金融機関借入のある企業全体

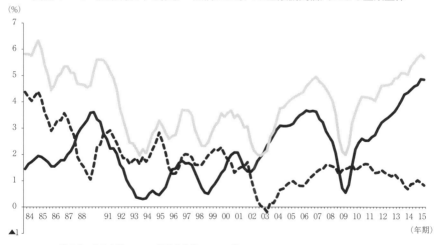

出所：中小企業庁編『中小企業白書2016年版』第2－5－56図より転載。

図表4-5　経常利益率のばらつき：無借金企業 vs.金融機関借入のある企業全体

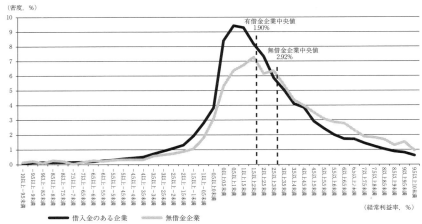

出所：中小企業庁編『中小企業白書2016年版』第2-5-57図より転載。

(2) メインバンクとの面談頻度

金融機関借入の有無（無借金企業，金融機関借入のある企業全体）別に，メインバンクとの面談頻度を見ると，「1カ月に2回以上」と「1カ月に1回程度」と回答した企業の割合は，無借金企業が24.5%，金融機関借入のある企業全体が63.8%です。

図表4-6　メインバンクとの面談頻度：無借金企業 vs.借入のある企業全体

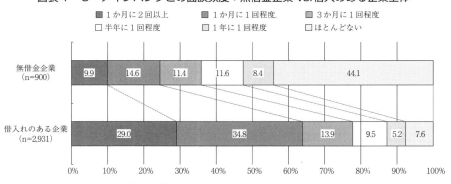

出所：中小企業庁編『中小企業白書2016年版』第2-5-63図より転載。

第4章　中小企業金融と金融機関：間接金融

【設立年数と無借金企業，金融機関借入のある企業全体，金融機関借入の
ある企業下位・上位】

　中小企業庁編『中小企業白書』（2016年版）は，「無借金企業」「金融機関借
入のある企業全体」「金融機関借入のある企業［負債比率（総資産に占める
金融機関借入の割合）下位25％］」「金融機関借入のある企業（負債比率上位
25％）」の「設立年数，借入状況別に見た経常利益率」「設立年数，借入状況別
にみた投資比率（総資産に占める有形固定資産・無形固定資産合計の割合）」
についての差異を論じています。

（1）　経常利益率

① 　無借金企業と金融機関借入のある企業全体を比較すると，総じて無借金企
　　業の経常利益率は金融機関借入のある企業全体より高い。また，企業年齢が
　　大きくなる（設立年数が古くなる）につれ，「無借金企業の経常利益率＞金
　　融機関借入のある企業全体の経常利益率」の差が拡大しています。

② 　金融機関借入のある企業同士を比較すると，負債借入の少ない企業（負債
　　比率下位25％）と負債借入の多い企業（負債比率上位25％）では，「負債借
　　入の少ない企業の経常利益率＞負債借入の多い企業の経常利益率」です。

③ 　負債借入の少ない企業（負債比率下位25％）と無借金企業を比較すると，
　　「負債借入の少ない企業の経常利益率＞無借金企業の経常利益率」です。

71

図表4－7　経常利益率：設立年数と「無借金企業 vs.金融機関借入のある
企業全体 vs.金融機関借入のある企業下位・上位25％」

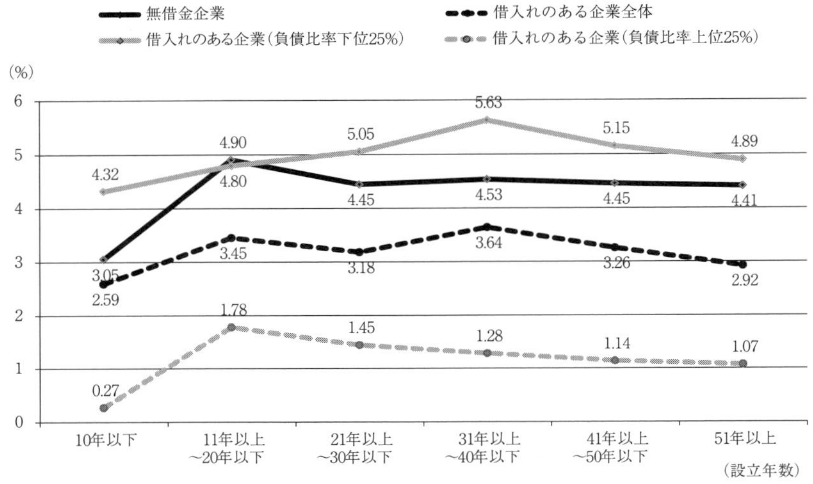

―――― 無借金企業　　　　　　　　　 ● ● ● ● 借入れのある企業全体

――●―― 借入れのある企業（負債比率下位25％）　　――●―― 借入れのある企業（負債比率上位25％）

（％）

	10年以下	11年以上～20年以下	21年以上～30年以下	31年以上～40年以下	41年以上～50年以下	51年以上

無借金企業：3.05、4.80、4.45、4.53、4.45、4.41
借入れのある企業全体：2.59、3.45、3.18、3.64、3.26、2.92
借入れのある企業（負債比率下位25％）：4.32、4.90、5.05、5.63、5.15、4.89
借入れのある企業（負債比率上位25％）：0.27、1.78、1.45、1.28、1.14、1.07

（設立年数）

（2）　投資比率［（有形固定資産＋無形固定資産）／総資産］：設備投資

　投資比率は，調達した資金をどの程度，設備投資などに使ったかを示してい
ます。無借金企業と金融機関借入のある企業全体を比較すると，総じて無借金
企業の投資比率は金融機関借入のある企業全体より低く，企業年齢が大きくな
る（設立年数が古くなる）につれ，投資比率は低下しています。

第4章　中小企業金融と金融機関：間接金融

図表4−8　投資比率〔(有形固定資産＋無形固定資産)／総資産〕：
設立年数と「無借金企業 vs.借入のある企業全体」

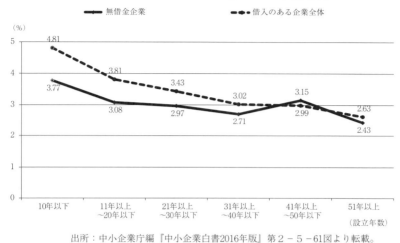

出所：中小企業庁編『中小企業白書2016年版』第2−5−61図より転載。

【「借入金増加企業 vs.借入金減少企業」と企業収益】

　企業規模の大・中小のいかんにかかわらず，借入金を減少させている企業数は借入金を増加させている企業数より多くなっています。

図表4−9　借入金増加企業 vs.借入金減少企業

出所：中小企業庁編『中小企業白書2016年版』第2−5−12図より転載。

「借入金増加企業 vs.借入金減少企業」と経常利益率（企業収益）の関係を見ると，企業規模の大・中小のいかんにかかわらず，借入金を減少させている企業は借入金を増加させている企業より経常利益率が高くなっています。借入金減少企業と借入金増加企業の経常利益率の差を見ると，中小企業は大企業より大きくなっています (注1)。

図表4-10　経常利益率：借入金増加企業 vs.借入金減少企業

―――借入金増加企業　　　―――借入金減少企業　　　■■■借入金減少企業と借入金増加企業の差

（大企業）

（中小企業）

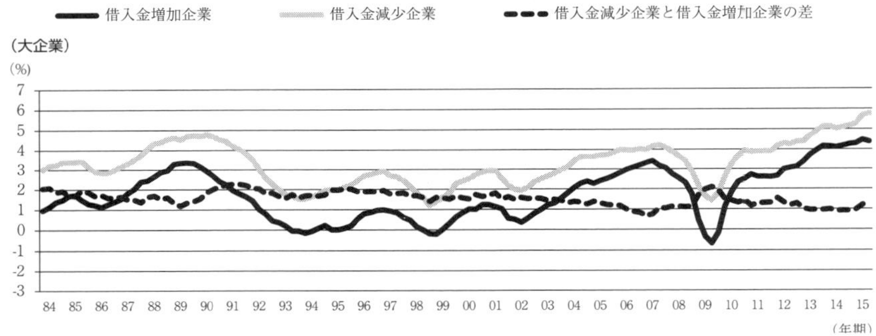

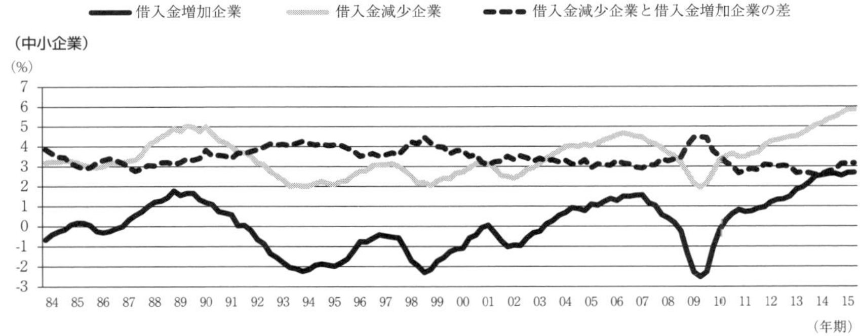

出所：中小企業庁編『中小企業白書2016年版』第2-5-13図より転載。

3　中小企業の金融機関からの資金調達

中小企業の資金調達においては，金融機関への依存度が高くなっています。中小企業が現在利用している借入手法と，将来利用したい借入手法は以下のと

第4章　中小企業金融と金融機関：間接金融

おりです。

【中小企業の「利用している借入手法 vs. 利用したい借入手法」】

① 中小企業の利用している借入手法

中小企業が現在利用している主要な借入手法は，「代表者等の保証による融資」「信用保証協会の保証付融資」「不動産を担保とする融資」などです。

② 中小企業の利用したい借入手法

中小企業が将来利用したい主要な借入手法は，「信用保証協会の保証付融資」「事業性を評価した担保・保証によらない融資」などです。

中小企業の「利用している借入手法 vs. 利用したい借入手法」についていえば，「信用保証協会の保証付融資」は現在利用していて将来も利用したい借入手法です。「代表者等の保証による融資」「不動産を担保とする融資」が現在利用している借入手法であるのに対し，「事業性を評価した担保・保証によらない融資」は将来利用したいと考えている借入手法です。

図表4－11　中小企業の「利用している借入手法 vs. 利用したい借入手法」

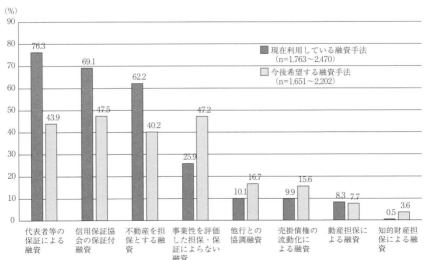

出所：中小企業庁編『中小企業白書2016年版』第2－5－49図より転載。

【中小企業が金融機関に望む条件や性質：企業の4つの成長段階別】

中小企業が金融機関から借入するにあたり，金融機関に望む条件や性質を中小企業の4つの成長段階（起業，成長，成熟，衰退）別に見ると，次のとおりです。

① 中小企業の50％超は，成長のすべての段階において，「担保・保証を必要としない」を望んでいます。また，資金調達コストを抑えるために，「当初の一定期間に低い金利が適用される」（成功報酬型の金利設定）を望んでいます。

② 中小企業の30～40％程度は，資金繰り負担を軽減するために，「元金の返済について据え置き期間が長い」を望んでいます。

③ 起業段階では，中小企業の22.2％は「出資（増資）」を望み，企業年齢が比較的若い企業ほど増資などの資本戦略に柔軟です。

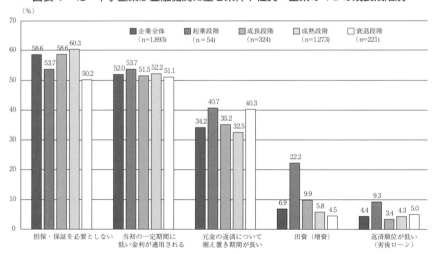

図表4－12　中小企業が金融機関に望む条件や性質：企業の4つの成長段階別

出所：中小企業庁編『中小企業白書2016年版』第2－5－7図より転載。

第4章　中小企業金融と金融機関：間接金融

4　金融機関の中小企業への貸出

【中小企業貸出・借入の評価項目】

中小企業が金融機関から借入を行うときに評価して欲しい項目と，金融機関が中小企業へ貸出を行うときに評価したい項目は異なっています。

① 中小企業が金融機関から借入を行うときに評価して欲しい項目

中小企業が金融機関から借入を行うときに，担保・保証以外に評価して欲しい主要項目は，「事業の安定性，成長性」「財務内容」「返済実績・取引振り（取引のようす）」などであり，中小企業は自社と取引先や金融機関との取引振りを重視しています。

② 金融機関が中小企業へ貸出を行うときに評価したい項目

金融機関が中小企業へ貸出を行うときに，担保・保証以外に評価したい主要項目は，「財務内容」「事業の安定性，成長性」「代表者の経営能力や人間性」「会社や経営者の資産余力」「返済実績・取引振り」「技術力，開発力，その他知的財産」などであり，金融機関は経営者の資質などを重視しています。

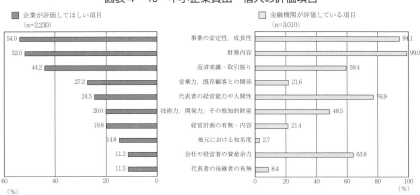

図表4－13　中小企業貸出・借入の評価項目

出所：中小企業庁編『中小企業白書2016年版』第2－5－48図より転載。

77

【金融機関の貸出判断力】

　中小企業は，担保や保証人に頼らない「事業性評価に基づく融資（借入）」を金融機関に求めています。この融資を推進していくためには，金融機関は貸出判断力（目利き）を高めなければなりません。

（1）　金融機関の貸出判断力向上に向けた取り組み：業態別

　中小企業向け貸出における，金融機関の貸出判断力向上のための取り組みは，以下のとおりです。

① 「財務内容分析に関する教育」はほぼすべての業態の金融機関で行われています。

② 「経営内容把握に関する教育」はかなり高い割合で取り組まれていますが，都市銀行・地方銀行に比べて，信用金庫・信用組合ではやや低い割合となっています。

③ 「業界動向に関する情報収集・分析を行う部署の設置」「技術動向に関する情報収集・分析を行う部署の設置」は金融機関の規模が大きいほどよく取り組まれています。

④ 規模が大きな金融機関ほど，専門的な部署の設置を進め，規模が小さな金融機関は外部の専門家や機関との連携により貸出判断力の向上に努めています。

第4章　中小企業金融と金融機関：間接金融

図表４－14　金融機関の貸出判断力向上に向けた取り組み：業態別

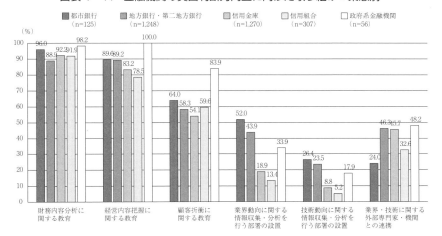

出所：中小企業庁編『中小企業白書2016年版』第２－５－52図より転載。

【中小企業への貸出を金融機関が断る理由】

　金融機関から投資資金の借入を行おうとし，投資計画への融資を断られた経験のある中小企業は全体の15.8％です。中小企業への貸出を金融機関が断る主な理由は，「会社の収支状況が悪い」56.7％，「既存借入の過多」42.3％と，既存事業の状況を理由としたものが多く，「新事業の採算が見込めない」12.3％，「新事業のノウハウがなく，計画達成できない」3.1％と，新規事業の内容を理由としたものが少なくなっています。つまり，金融機関は，中小企業の新しい投資プロジェクトへの融資を審査する際，新規事業の内容よりも既存事業の内容（収支状況，財務状況）を重視しています。

図表4−15　中小企業への貸出を金融機関が断る理由

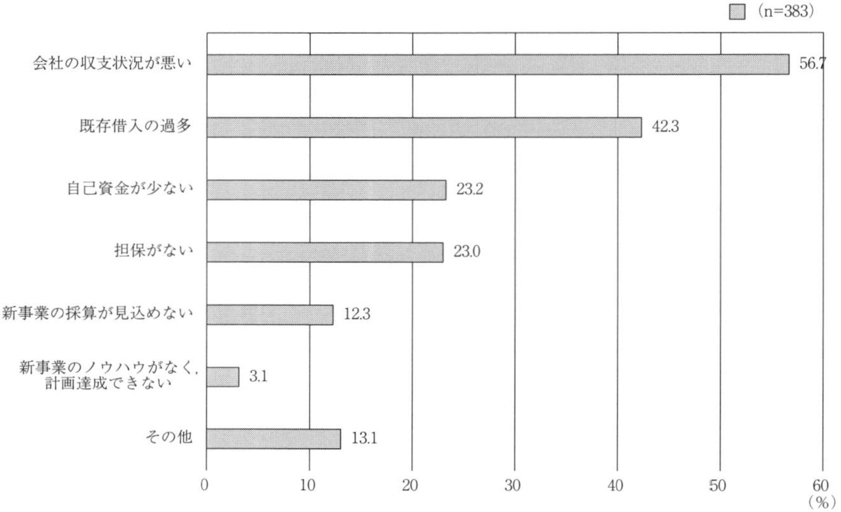

（n=383）

理由	割合(%)
会社の収支状況が悪い	56.7
既存借入の過多	42.3
自己資金が少ない	23.2
担保がない	23.0
新事業の採算が見込めない	12.3
新事業のノウハウがなく，計画達成できない	3.1
その他	13.1

出所：中小企業庁編『中小企業白書2016年版』第2−5−51図(2)より転載。

【金融機関の信用リスク管理】

　金融機関は貸し出した資金が返済されないというリスク，すなわち信用リスクから逃れることができません。金融機関は貸出という形態で資金提供を行いますが，信用リスク管理の方法としては，個別企業ごとに管理を行うことだけではなく，CRD（Credit Risk Database）等の信用リスクデータベースを活用して，一定の共通した属性を有する債権を集団的にリスク管理し，そのリスクに見合ったリターンを確保しています。

【中小企業の「過小資本」と疑似資本融資】

　投資ファンド，ベンチャー・キャピタル（VC），エンジェルなどの資金提供だけでなく，経営に参画するという「カネもクチも出す」タイプのエクイティ投資家（株主）の厚みは乏しく，中小企業の「過小資本」を補填してきたのは「疑似資本融資」ないし「根雪融資」です。中小企業は借入金の一部が疑似資

本融資，つまりメインバンクが元本のロールオーバー（借り換え）を繰り返す
形で供給する短期融資であると認識し，中小企業の経営改善において主導的な
役割がまず期待されるのは，疑似資本融資を供給している金融機関（メインバ
ンク）です。

【中小企業の成長に資する資本性資金の拡大に向けた政策】

（1） 創業企業向け

① 官民が連携して資本性資金の供給を増大させるため，官民出資の投資ファ
ンドである「産業革新機構」がベンチャー企業等へのリスクマネー供給を
行っています。

② 日本政策投資銀行がファンドを創設しています。

（2） 「過小資本」状態にある既存の中小企業向け

「資本性借入金」は，償還条件（長期，期限一括償還），金利設定（業績連動），
劣後性（法的破綻時には他の借入よりも劣後）などから資本的性質が認められ
ている借入金です。中小企業にとっては，長期の期限一括償還が基本であるた
め，資金繰りが改善する効果があり，金融機関にとっては，資産査定上は「準
資本」とみなし，当該企業の自己資本が増大し，財務状況が改善するため，新
規融資をしやすくなる効果があります。

【中小企業と「金融機関 vs. エクイティ投資家（株主）」】

中小企業は以下の2つの理由のいずれかで，事業が低迷状態にあるとしま
しょう。金融機関とエクイティ投資家（株主）では事業再建にあたって期待さ
れる役割が異なります。

① 費用や資産の水ぶくれ：中小企業と金融機関

事業不振の主因が，費用や資産の水ぶくれにあるのであれば，金融機関
（メインバンク）が，事業・財務のリストラクチャリングに主導的な役割を

81

果たすことが期待されます。

② 売上不振：中小企業とエクイティ投資家

　事業不振の主因が，売上不振にあるのであれば，既存事業の建て直しであれ，新規事業への進出であれ，事業のアップサイド・ゲインを狙う（事業拡大を通じて利益拡大を狙う）エクイティ投資家（株主）の貢献が期待されます。

【中小企業金融の新たな取り組み】

　従来の中小企業向け貸出においては，会社や経営者個人の所有する不動産等の資産を担保としたり，経営者や第三者の保証を徴求することが通常でした。しかしながら，近年，不動産担保や第三者保証に過度に依存することなく，リスクに見合った水準の金利を支払う無担保無保証借入ができる選択肢を増やす動きが見られます。中小企業金融の以下の新たな取り組みは，中小企業を取り巻く情報の非対称性とそれに伴う資金調達の困難さを解決しようとするものです。

① クレジットスコアリングモデルに基づいた貸付

② 貸出債権の証券化

③ 資産担保融資（動産・売掛債権担保融資）：ABL（Asset Based Lending）

【クレジットスコアリングに基づいた貸付：クイックローン】

　クレジットスコアリングに基づいた貸付（クイックローン）は 「無担保ビジネスローン」とも呼ばれており，その特性として，次の５つを挙げることができます。

① 母集団となるデータから統計的に算出した倒産確率などによって融資審査を行う。

② 貸出案件ごとにリスクを管理するのでなく，大数の法則に基づき，貸出債権をポートフォリオ全体でリスク管理する。

③ 短期間で融資審査を行う。

第4章　中小企業金融と金融機関：間接金融

④　貸出額に限度制限がある。

⑤　審査の多くの部分が自動化されるため，審査コストの削減を図れる。

5　中小企業の金融機関からの経営支援期待 vs.金融機関の中小企業への経営支援

【中小企業が考える金融機関の経営支援推進上の課題】

　中小企業は金融機関に対して，貸出以外のさまざまな経営支援を期待しています。中小企業が考えている，金融機関が経営支援を推進する際に課題となる点は以下のとおりです。

①　担当者等の頻繁な交代

②　金融機関の都合を優先した経営支援セールス

③　担当者の企業や業界に対する理解が不十分

④　貸出セールスありきの営業姿勢

⑤　支援を受けるために費用がかかる，費用が高額である

⑥　企業側における支援の有効性に対する認識不足

⑦　金融機関の高圧的な姿勢

⑧　提供される支援内容のレベルの低さ

⑨　経営支援による金融機関と企業側の利益相反

⑩　金融機関から自社に不利な事項を押し付けられる

⑪　企業側における支援受け入れの拒否感

⑫　企業側における不十分なディスクロージャー

【中小企業が金融機関に今後期待する経営支援内容】

　中小企業が金融機関に今後期待する経営支援内容は以下のものです。

①　ビジネスマッチング等の販路開拓支援

②　不動産売買情報の提供

③　財務診断等の計数管理アドバイス

83

④　事業戦略・経営計画の策定支援

⑤　人材教育支援

⑥　Ｍ＆Ａ等事業承継支援

⑦　海外展開支援

⑧　研究開発のための専門機関紹介

【金融機関の中小企業に対する経営支援サービス：業態別】

　上記のように中小企業は金融機関に多くの経営支援を期待しています。しかし，中小企業の経営改善に向けて踏み込んだ対応をするために必要な経営資源（人材やノウハウなど）は金融機関には乏しいのが現状です。中小企業から望まれていると金融機関自身が考える経営支援サービスは次のものです。

①　「販路・仕入先拡大支援」「事業承継支援」「経営計画・事業戦略等策定支援」の項目が全体的に高くなっています。

②　①の項目以外では，都市銀行で「海外展開支援」，地方銀行・第二地方銀行で「Ｍ＆Ａ支援」，政府系金融機関で「諸制度の情報提供」の項目が高くなっています。

図表４－16　金融機関の中小企業に対する経営支援サービス：業態別

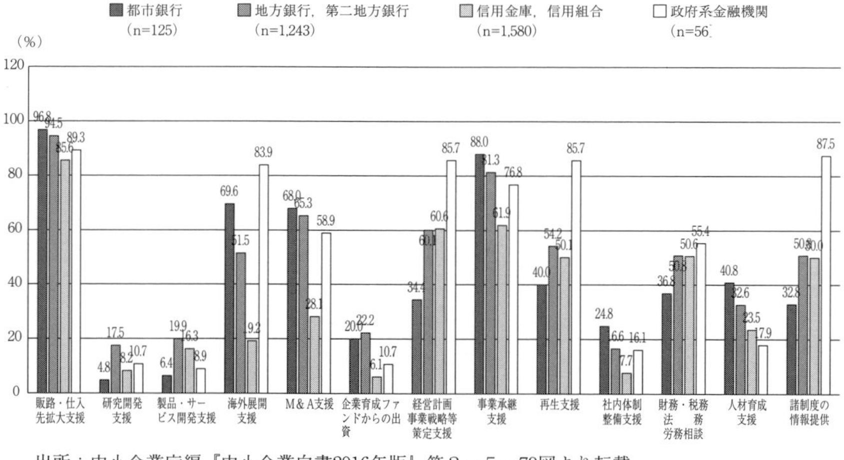

出所：中小企業庁編『中小企業白書2016年版』第２－５－79図より転載。

第4章 中小企業金融と金融機関：間接金融

【地域金融機関の中小企業への経営支援の具体的取組状況】

　中小企業向け貸出に重要な役割を担っている地域金融機関（地方銀行，第二地方銀行，信用金庫，信用組合）の中小企業への経営支援の具体的取組状況は次のものです。

① 事業戦略・経営計画の策定支援

② 財務診断等の計数管理アドバイス

③ 不動産売買情報の提供

④ ビジネスマッチング等の販路開拓支援

⑤ M&A等事業承継支援

⑥ 人材教育支援

⑦ 海外展開支援

⑧ 研究開発のための専門機関紹介

【金融機関が考える経営支援推進上の課題】

　中小企業に対して経営支援を推進するために，自らが考える金融機関の課題は以下のものです。人材に関する課題が多く挙げられています。

① 担当者の育成，教育が不十分

② 取引先の事業内容や業界に対する理解が不十分

③ 担当先が多すぎて，個社ごとの経営ニーズを把握する時間がない

④ 頻繁な担当替えが行われる

⑤ 担当者交代時の引き継ぎ体制が不十分

⑥ 収益に直結しない

⑦ 業績評価に反映されない

⑧ 貸出推進部門と経営支援部門の利益相反がある

6 中小企業と金融機関

【中小企業のメインバンクの業態：売上規模別】

　ある企業に対して，貸付額が最も多い金融機関や，最も強い影響力を持つ金融機関を一般に「メインバンク」と呼び，他の取引銀行と区別しています。中小企業のメインバンクの業態を売上規模別に見ると，地方銀行・第二地方銀行の割合が売上規模のいかんにかかわらず最も大きくなっていますが，売上規模が増大するにつれて，都市銀行をメインバンクにしている割合が大きくなり，信用金庫・信用組合をメインバンクにしている割合が小さくなっています（注2）。

図表４－17　中小企業のメインバンクの業態：売上規模別

■都市銀行　■地方銀行・第二地方銀行　■信用金庫・信用組合　□政府系金融機関　□その他

	都市銀行	地方銀行・第二地方銀行	信用金庫・信用組合	政府系金融機関	その他
1億円以下（n=808）	19.8	46.3	29.8	3.1	1.0
1億円超〜5億円以下（n=908）	21.4	49.4	25.7	2.2	1.3
5億円超〜10億円以下（n=454）	25.6	53.3	17.2	2.9	1.1
10億円超〜50億円以下（n=899）	35.9	50.3	9.0	3.4	1.3
50億円超（n=508）	43.7	48.2	4.1	1.6	2.4

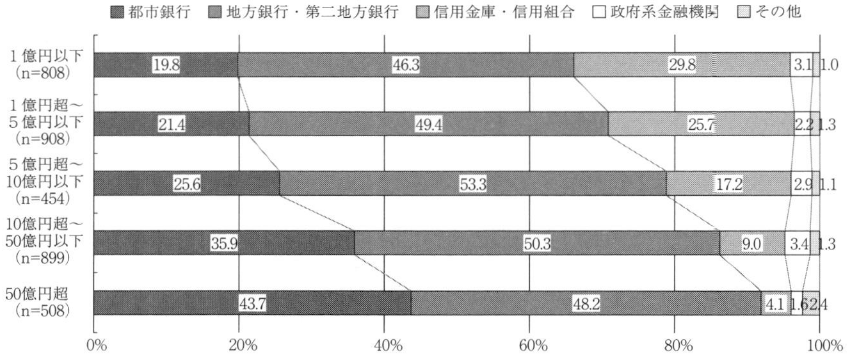

出所：中小企業庁編『中小企業白書2016年版』第２－５－40図より転載。

【中小企業と金融機関の情報交換】

　中小企業が金融機関から借入を行う際には，金融機関は中小企業と面談を行うのが一般的で，金融機関の渉外担当者は中小企業の財務内容や経営者の熱意，事業の将来性などを確認し，確実に返済が可能かを判断します。併せて，地域の情報交換を行ったり，金融機関が取り扱うさまざまな金融サービスを紹介したりします。中小企業と金融機関が面談をする中で情報交換している内容は次

第4章　中小企業金融と金融機関：間接金融

のとおりです。

(1) 中小企業が金融機関から収集している情報：企業の4つの成長段階別

「金融業務・金融商品に関する情報」「地域情勢」と回答した中小企業の数が多く，成長段階，成熟段階の中小企業が起業段階，衰退段階の中小企業より情報収集している項目が多くなっています。

図表4－18　中小企業が金融機関から収集している情報：企業の4つの成長段階別

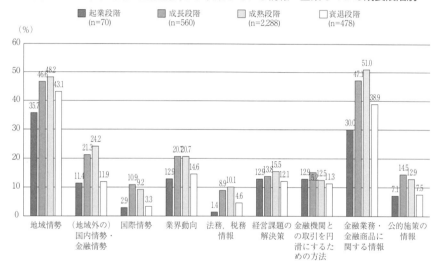

出所：中小企業庁編『中小企業白書2016年版』第2－5－44図(1)より転載。

(2) 中小企業が金融機関に提供している情報

図表4－19では，「財務・収支の状況」「事業の将来見通し」と回答した中小企業の数が多く，「経営課題」と回答した中小企業の数が少なくなっています。

図表4－19　中小企業が金融機関に提供している情報

（％）

財務・収支の状況	事業の将来見通し	業界動向	競合他行の動向	資金ニーズ	経営課題
84.0	50.9	43.3	18.6	40.2	25.8

中小企業（n=2,786）

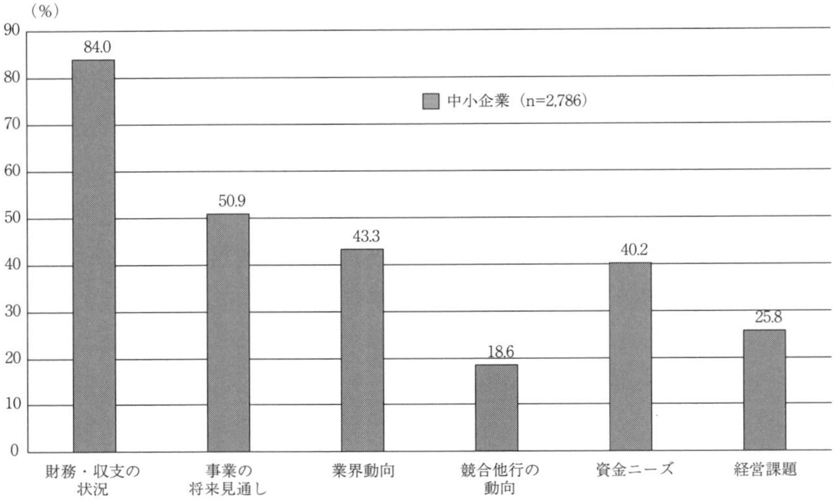

出所：中小企業庁編『中小企業白書2016年版』第2－5－44(1)図より転載。

（3）　中小企業が金融機関に提供している情報：金融機関の業態別

　図表4－20にて，中小企業が金融機関に提供している情報を金融機関の業態別にみると，「資金ニーズ」「財務・収支の状況」「競合他行の動向」と回答した金融機関の数が多くなっています。「資金ニーズ」「競合他行の動向」については，中小企業は金融機関に提供していると認識していますが，金融機関は提供してもらっているとは認識していないという認識のギャップがあります。「財務・収支の状況」は政府系金融機関で高くなっています。「経営課題」は都市銀行，政府系金融機関で高くなっています。

第4章　中小企業金融と金融機関：間接金融

図表4－20　中小企業が金融機関に提供している情報：金融機関の業態別

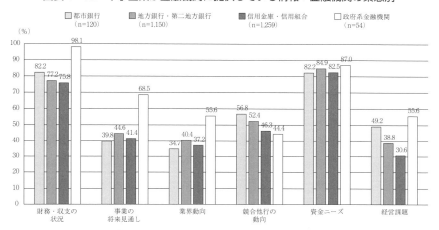

出所：中小企業庁編『中小企業白書2016年版』第2－5－44図(2)より転載。

(4) 金融機関が中小企業に提供している情報：金融機関の業態別

　図表4－21にて，金融機関が中小企業に提供している情報を業態別にみると，「金融業務・金融商品に関する情報」「地域情勢」「経営課題の解決策」「業界動向」と回答した金融機関の数が多くなっています。「経営課題の解決策」「業界動向」については，金融機関は中小企業に提供していると認識していますが，中小企業は提供してもらっているとは認識していないという認識のギャップがあります。

　金融機関は業態ごとに得意としている情報提供が異なっています。「地域情勢」は地方銀行・第二地方銀行，信用金庫・信用組合で多く，「（地域外の）国内情勢・金融情勢」は都市銀行，政府系金融機関で高くなっています。「国際情勢」は都市銀行のみ高くなっています。「業界動向」は都市銀行，地方銀行・第二地方銀行，信用金庫・信用組合で多く，「公的施策の情報」は政府系金融機関のみ高くなっています。

89

図表４－21　金融機関が中小企業に提供している情報：金融機関の業態別

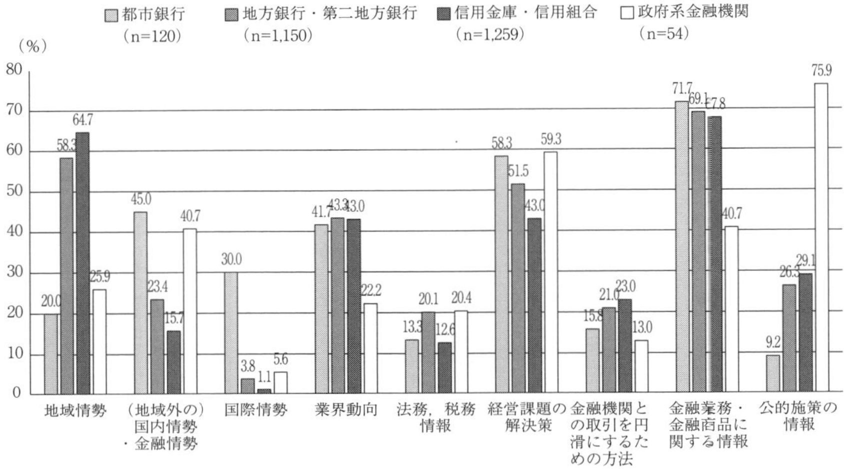

□ 都市銀行　■ 地方銀行・第二地方銀行　■ 信用金庫・信用組合　□ 政府系金融機関
（n=120）　　　（n=1,150）　　　　　（n=1,259）　　　　　（n=54）

(%)

	都市銀行	地方銀行・第二地方銀行	信用金庫・信用組合	政府系金融機関
地域情勢	20.0	58.3	64.7	25.9
（地域外の）国内情勢・金融情勢	45.0	23.4	15.7	40.7
国際情勢	30.0	3.8	1.1	5.6
業界動向	41.7	43.3	43.0	22.2
法務，税務情報	13.3	20.1	12.6	20.4
経営課題の解決策	58.3	51.5	43.0	59.3
金融機関との取引を円滑にするための方法	15.8	21.0	23.0	13.0
金融業務・金融商品に関する情報	71.7	69.1	67.8	40.7
公的施策の情報	9.2	26.3	29.1	75.9

出所：中小企業庁編『中小企業白書2016年版』第２－５－44図(2)より転載。

7　中小企業金融機関の種類

【金融機関の数，国内店舗数，職員数：業態別】

① 金融機関の数：業態別

　　金融機関の業態別の数は信用金庫267，信用組合154が多くなっています。

② 金融機関の国内店舗数：業態別

　　金融機関の業態別の国内店舗数は地方銀行7,491，信用金庫7,398が多くなっています。

③ 金融機関の職員数：業態別

　　金融機関の業態別の職員数は地方銀行130,818，信用金庫109,258，都市銀行93,416が多くなっています。

第4章　中小企業金融と金融機関：間接金融

図表4−22　金融機関の数，国内店舗数，職員数：業態別

	金融機関数	国内店舗数	職員数
都 市 銀 行	5	2,732	93,416
地 方 銀 行	64	7,491	130,818
第 二 地 方 銀 行	41	3,057	44,889
信 用 金 庫	267	7,398	109,258
信 用 組 合	154	1,709	20,120
政 府 系 金 融 機 関	2	252	11,339

出所：中小企業庁編『中小企業白書2016年版』第2−5−43図より転載。

【金融機関の渉外担当者一人当たりの取引先数，融資残高：業態別】

① 金融機関の渉外担当者一人当たりの取引先数：業態別

　　中小企業が金融機関から資金を借り入れる場合，金融機関の渉外担当者（営業担当者）と交渉を行います。金融機関の業態別の渉外担当者一人当たりの取引先数は金融機関の規模が小さくなるにつれて増加しています。ただし，政府系金融機関の渉外担当者一人当たりの取引先数は多くなっています。

② 金融機関の渉外担当者一人当たりの融資残高：業態別

　　金融機関の業態別の渉外担当者一人当たりの融資残高は，金融機関の規模が小さくなるにつれて減少しています。ただし，政府系金融機関の渉外担当者一人当たりの融資残高は大きくなっています。

図表4−23　金融機関の渉外担当者一人当たりの取引先数，融資残高：業態別

	取引先数（社数）	融資残高（億円）
都 市 銀 行	42.2	43.0
地 方 銀 行	47.0	32.6
第 二 地 方 銀 行	55.3	25.9
信 用 金 庫	62.6	19.9
信 用 組 合	66.1	14.4
政 策 系 金 融 機 関	100.6	122.6

出所：中小企業庁編『中小企業白書2016年版』第2−5−43図より転載。

8 リレーションシップ・バンキング

【金融機関の「重視している貸出手法 vs. 重視したい貸出手法」】

　金融機関が中小企業に資金を貸し出すための方法には，担保や保証の有無，何を評価して貸出額を決定するかなど，いくつかの種類があります (注3)。

　金融機関が現在重視している主要な貸出手法は，「信用保証協会の保証付融資」「事業性を評価した担保・保証によらない融資」「不動産を担保とする融資」などです。一方，金融機関が将来重視したい主要な貸出手法は，「事業性を評価した担保・保証によらない融資」「売掛債権の流動化による融資」「動産担保による融資」などです。

　金融機関の「重視している貸出手法 vs. 重視したい貸出手法」についていえば，「事業性を評価した担保・保証によらない融資」は重視している・重視したい貸出手法です。さらに，「事業性を評価した担保・保証によらない融資」は中小企業の利用したい借入手法であり，金融機関の重視したい貸出手法であり，借手の意向と貸手の意向が一致している手法です。

図表4-24　金融機関の「重視している貸出手法 vs. 重視したい貸出手法」

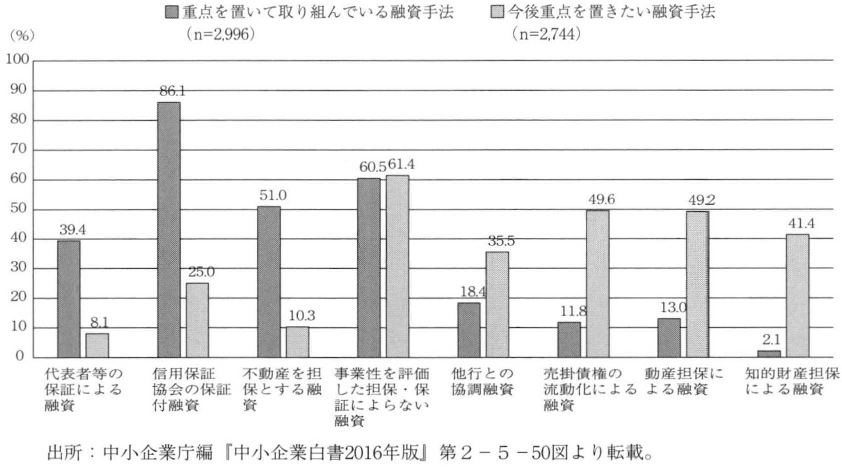

出所：中小企業庁編『中小企業白書2016年版』第2-5-50図より転載。

第4章　中小企業金融と金融機関：間接金融

【中小企業の年齢と借入金利：淘汰効果 vs.適応効果】

　中小企業が金融機関から資金を借り入れる際には，低い金利で借りることによって，できる限り支払金利の負担を減らそうとします。金融機関と中小企業の取引期間が長くなるにつれ，金融機関には取引先である中小企業のさまざまな情報が蓄積され，「情報の非対称性」が解消されて経営の実態を十分把握できるようになります。それでは，中小企業と金融機関の取引期間が長くなれば，借入金利は低下するのでしょうか。

　中小企業の年齢（創業からの経過年数）が高くなるのに伴って，借入金利が低下するためには，質の低い企業が選別される「淘汰」と，存続企業が行動を変化させる「適応」という2つのチャネルがあります。時間の経過とともに，一方で，ROAや自己資本比率の低い，つまり質が低いために高い借入金利を支払わざるをえない中小企業が退出するという「（金融機関による）淘汰」のメカニズムが正常に機能することで全体の借入金利が下がります。他方で，存続中小企業が取引先や金融機関とのネットワークを構築するという「適応」のメカニズムが正常に機能することで低い借入金利が適用されます。中小企業の加齢による借入金利低下のうち，1／3を淘汰効果が，2／3を適応効果が占めています。

【リレーションシップ・バンキングの本質】

　多くの金融機関が取引先である中小企業との関係性を深めようと，「リレーションシップ・バンキング」に取り組んでいます。米国では，リレーションシップ・バンキングは小銀行によって担われているとされていますが，日本の金融庁はリレーションシップ・バンキングを「間柄重視の地域密着型金融」と訳し，日本においては，中小・地域金融機関の再生計画の理論的基礎として認識されています。リレーションシップ・バンキングの本質は，長期的な取引関係により得られた情報をもとに，質の高い対面交渉等を通じて，早い時点で経営改善に取り組むとともに，中小企業金融における貸出機能を強化することにより，金融機関自身の収益向上を図ることにあります。

93

【金融機関とリレーションシップ・バンキング】

　金融機関は，リレーションシップ・バンキングを行うことによって，第1に，長期的に継続する関係にもとづき借手企業の経営能力や事業の成長性など，定量化が困難な信用情報を蓄積することができる，第2に，親密な信頼関係を有する借手企業からは一般に開示したくない情報についても得ることができるので，エージェンシーコスト（継続的なモニタリング等のコスト）を軽減できます。第2について，金融機関は，長期的に継続する関係を前提にモニタリング費用などを負担し，借手企業の経営情報を豊富に有しているため，借手企業の業績が危機的状態に陥った場合でも，金融機関主導による企業再生等へのコミットメントを期待できます。

【中小企業とリレーションシップ・バンキング】

　地域の中小企業にとっては，次の2つの理由からリレーションシップ・バンキングの役割が重要です。

①　中小企業・小規模事業者は信頼できる情報開示システムや企業評価機能を有していないという意味で情報の非対称性が大きく，資本市場へのアクセスにも限界があります。

②　中小企業・小規模事業者が置かれている状況は地域ごとに多様であり，資金仲介が円滑に行われるためには地域の実態に根ざした情報の活用が求められていますが，そのような情報を得るためには，金融機関とのリレーションシップ（長期的な取引関係）の構築・維持が有効です。

〔脚注〕

（注1）　借入金減少企業の経常利益率と借入金増加企業の経常利益率の差は「金融機関のリスク許容度合い」を示しています。

（注2）　地方銀行とは，全国地方銀行協会に加盟する64行（2016年3月末現在）のことで，地方の中核的な金融機関として活動しています。第二地方銀行とは，無尽会社を母体とし，その後相互銀行として発展，普通銀行に転換した金融機関のことで，現在は第二地方銀行協会に加盟する41行（2016年6月末現在）を第二地方銀

第4章　中小企業金融と金融機関：間接金融

行と呼んでいます。信用金庫と信用組合はともに協同組織金融機関と呼ばれており，貸出先は会員である中小企業に限られています。

（注3）金融機関の貸出手法は第5章で詳しく紹介しています。

第5章	中小企業金融と 金融資本市場：直接金融

1　資金調達手段・資金調達先の多様化

【中小企業の資金調達の多様化：資金調達手段と資金調達先】

　政策によって中小企業に対してさまざまな金融支援策が採られているのは，中小企業の資金調達手段が金融機関からの借入や企業間信用に依存していることや，資金調達先が縁故者（経営者の親族や従業員，取引先など）と金融機関などの一部にとどまっているからです。

　中小企業は，資金調達手段が限られているため財務体質を改善できず，資金調達先が限られていることによって金融危機などの予測不可能な事態が発生した場合に一斉に「貸し渋り・貸し剥がし」にあう可能性があります。

【中小企業の資金調達手段・資金調達先の分散化】

　中小企業は，外部資金を調達しようとしても，外部資金供給者を見つけることが難しいため，次のような資金調達手段および資金調達先の分散化を図っておかねばなりません。

（1）　自己資本（株式）

　増資に限ったことではありませんが，中小企業の資金調達における課題は，資金の供給者（増資の場合は株主）を多様化しづらいことです。中小企業は，創業者およびその縁故者に経営権が集中する傾向があり，経営権が分散するような増資には積極的ではありません。

97

(2) 社　　　債

　中小企業の直接金融を利用した資金調達手段の１つに，社債の発行があります。2000年頃から社債発行が増加したのは，2000年４月に創設された特定社債保証制度の存在が大きく，この制度は一定の条件を満たす中小企業者が発行する私募債について，信用保証協会による債務保証が行われる仕組みです。

図表５−１　特定社債保証制度の対象となる中小企業者

	基準１	基準２	基準３	充足要件
(a)　純資産額	5,000万円以上3億円未満	3億円以上5億円未満	5億円以上	必須条件
(b)　自己資本比率	20％以上	20％以上	15％以上	ストック要件
(c)　純資産倍率	2.0倍以上	1.5倍以上	1.5倍以上	ストック要件
(d)　使用総資本事業利益率	10％以上	10％以上	5％以上	フロー要件
(e)　インタレスト・カバレッジ・レシオ	2.0倍以上	1.5倍以上	1.0倍以上	フロー要件

※　基準１から３について、aの要件（必須）を満たした上で，ストック要件（bまたはc）と，フロー要件（dまたはe）の双方を満たすことが保証の条件
出所：全国信用保証協会連合会ホームページより作成。

(3)　CBO（社債担保証券）

　社債を利用した，金融機関や縁故者以外の第三者からの資金調達手段として，中小企業が発行する社債を担保としたCBO（Collateralized Bond Obligation：社債担保証券）の組成があります。

2　リスクマネーの調達

【リスクマネーを調達するための金融商品】

　資金を提供する投資家からみてハイリスク，ハイリターンの資金（危険性は高いが収益性も高い資金）は「リスクマネー（リスク資金)」と呼ばれていま

第 5 章　中小企業金融と金融資本市場：直接金融

す。企業がリスクマネーを調達するための金融商品としては，以下の 3 つがあります。

① 債券（債権・債務）

資金供給者（債権者）の誘因は財産的権利の保全に偏り，資金供給者（債権者）からの規律付けがダウンサイドリスクの回避に偏るため，中小企業はリスクテイクを行いにくくなります。

② 株　　　式

資金供給者（株主）からは，アップサイドも見込んだ能動的な規律付けがなされるため，中小企業はリスクテイクを行いやすくなります。

③ ハイブリッド型ファイナンス（債券と株式の中間）

従来の法制度においては，債券（債権・債務）と株式は異なるものとして二分されていましたが，資本的性格を持つ資金の調達が債務の形で行われるようになり，その相違は相対的なものです。近年においては，制度面において，債券（債権・債務）と株式の相違の相対化が進んでいます。債券（債権・債務）と株式との中間的な機能を有する多様な株式によるハイブリッド型ファイナンスの設計が可能になっています。

3　中小企業の金融資本市場からの資金調達

中小企業金融においては，間接金融（金融機関からの借入）が圧倒的な役割を占めていますが，近年では，比較的規模の大きい中小企業は金融資本市場から資金を直接調達しています。ただし，中小企業が金融資本市場から資金調達できるようになるには，情報開示や会計監査の負担，社内体制の整備を行わなければなりません。

【中小企業の直接金融の種類】

直接金融とは，有価証券を発行して金融資本市場，つまり投資家から資金を調達することで，以下の種類があります。

99

(1) 社　　債

　社債は，金融機関借入と同様に負債であり，金利支払い負担が生じます。固定金利で比較的長期の調達ができるため，設備投資計画が立てやすくなります。中小企業の資金調達全体に占める社債発行額の割合はまだ小さいものの，発行残高割合が2002年度頃より急激に増加しています。

①　公　募　債

　　債券は不特定多数の投資家を対象にした公募債と，特定少数の投資家を対象とした私募債に分類できますが，中小企業では公募債はほとんど発行されていません。

②　私　募　債

　　私募債の受託・引受は，投資家としての視点から行われるため，発行可能な企業は優良企業に限定され，株式公開前の企業では，IR（投資家向け広報：Investor Relations）の観点から私募債発行を行うこともあります。信用保証協会による私募債保証制度は，中小企業にとっては条件が厳しかったのですが，2002年，2005年の省令改正により，該当する中小企業の範囲が拡大されました。

(2) 株　　式

　中小企業にとって，新興市場への上場は簡単に越えられるハードルではありません。しかし，株式公開を目指すことは，金融調達手法の多様化につながるだけでなく，経営者・従業員にとってモチベーションの向上につながる面もあります。2000年以降の新興市場への株式上場（いわゆるIPO）件数の推移，および未公開株市場（通称グリーンシート）における登録件数の推移を見ると，毎年，一定程度の中小企業が新興市場に上場しています。

(3) VC（ベンチャー・キャピタル）

　VCは，莫大な個人資産を有する投資家の間で，投資先の発掘や育成を組織的に行いたいというニーズが強くなり，他人の資金をVCが預かり，運用を義

第5章　中小企業金融と金融資本市場：直接金融

務付けられているものです。投資先には徹底したコミットメントを行い，数社に対する投資の失敗は1社の成功によってカバーするという経営モデルで，創業初期の段階で投資を実行します。

(4)　BA（ビジネス・エンジェル）

　BAは，血縁関係のない人にリスクマネーを提供する，事業経験豊かな富裕層の個人のことであり，VCと比べて平均投資金額が少ないなどの違いはあるものの，中小企業金融に果たしている基本的機能は同じです。VCは事前スクリーニングの徹底によって投資リスクを軽減しようとし，BAは事後モニタリングに重点を置いています。ただし，日本においてはBAによる投資はあまり行われていません。

(5)　CP（コマーシャル・ペーパー）

　CPは，発行期間が1年以内の無担保約束手形のことで，短期の運転資金調達手段です。CPの発行は，格付け会社から一定以上の格付けが取得できるような優良企業に限られており，負債に分類されます。

4　中小企業と資本性資金

【創業企業の外部資金調達とエクイティ投資家（株主）層】

　中小企業は，事業プロジェクトが成功したとしても，事業が軌道に乗り，キャッシュフローが安定的に生じるようになるまでには，一定の「懐妊期間」が必要です。このため，中小企業の外部資金調達においては，やはりエクイティ投資家（株主）が中心的な役割を担うことが期待されています。具体的には，

① 　事業参加（ハンズオン）型の投資ファンド

② 　ベンチャー・キャピタル（VC）

③ 　事業経験が豊富な個人投資家（ビジネス・エンジェル：BA）

101

④　地域密着型の投資ファンド

であり，厚みのあるエクイティ投資家（株主）の存在は，中小企業の活性化の観点からも重要です。

5　中小企業による社債の発行

【中小企業が発行できる社債】

　中小企業の資金調達は金融機関借入に偏っていますが，今後は社債による調達の拡大が期待されています。中小企業が発行できる社債には，大きく分けると次の4つがあります。

①　少人数私募債

　少人数私募債は中小企業が無担保で発行できる普通社債の1つです。発行するための条件は，「適格機関投資家（金融機関など）を除いた勧誘対象先が50人未満であること」「社債の発行総額が社債の一口額面の50倍未満であること」「一括譲渡を除く譲渡制限を設け，譲渡には取締役会の決議が必要なこと」です。

②　信用保証協会の保証による社債

　信用保証協会の保証による社債は，金融機関が資金供給者，信用保証協会が保証人である社債であり，実質的には「融資（借入）」と同じです。

③　金融機関の引き受けによる社債

　金融機関の引き受けによる社債は，金融機関が資金供給者・保証人である社債であり，実質的には「融資（借入）」と同じです。

④　社債担保証券（CBO：Collateralized Bond Obligation）

　社債担保証券は，複数の中小企業者が発行する社債（私募債）を「束ねて」証券化し，投資家から資金調達する証券であり，投資家保護を図るため，社債の発行会社は財務内容の優れた一定の信用力を有することが必要です。

第5章　中小企業金融と金融資本市場：直接金融

6　クラウドファンディング

【クラウドファンディング】

　近年，金融機関以外からの新しい資金調達手段，具体的には，「クラウドファンディング」（インターネットを介した不特定多数の人々からの資金調達）も注目されています。クラウドファンディングは，資金調達を検討している個人や事業者が，インターネット上の資金調達サイトを利用して資金募集を行い，その募集ページを見た不特定多数の人々から資金提供を受けることで資金調達を可能とする仕組みです。

図表5-2　クラウドファンディングのプロセス

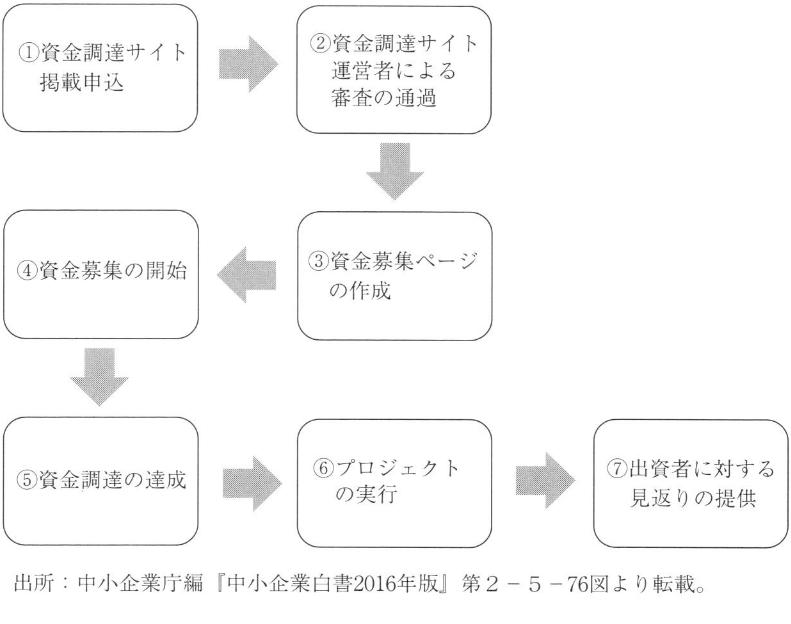

①資金調達サイト掲載申込 → ②資金調達サイト運営者による審査の通過

④資金募集の開始 ← ③資金募集ページの作成

⑤資金調達の達成 → ⑥プロジェクトの実行 → ⑦出資者に対する見返りの提供

出所：中小企業庁編『中小企業白書2016年版』第2-5-76図より転載。

103

「事業評価が困難」「会社設立から日が浅い」「必要資金が少額」などの理由で，金融機関から資金調達ができなかった中小企業が，クラウドファンディングを利用することによって，第1に，資金調達サイトを通じて自社のプロジェクトを案内することにより資金調達が可能になる，第2に，資金調達サイトに自社の取り組みを掲載することにより自社の広告を行うことができます。

図表5－3　国内クラウドファンディングの市場規模の推移

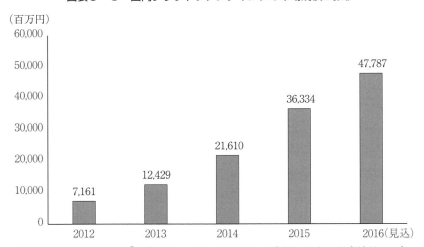

出所：矢野経済研究所『国内クラウドファンディング市場に関する調査結果2016』より転載。

| 第6章 | 中小企業の
「民間金融 vs. 公的金融」 |

1 民間金融 vs. 公的金融

【中小企業の資金調達方法の選択肢：民間金融 vs. 公的金融】

　中小企業の資金調達方法の選択肢には「民間金融」と「公的金融」の2つがありますが，公的金融は中小企業金融全体の中では，小さなウェートしか占めていません。

(1) 民間金融

　民間金融機関（銀行，信用金庫・信用組合など）からの借入にはいくつかの種類があります。

① 保証協会付融資：信用保証協会の保証の付いた借入

　　中小企業は，取引実績の少ない金融機関から融資を受ける場合に，信用保証協会の保証を付けることを求められます。中小企業は，信用保証協会に信用保証料を支払うことによって，万一，返済不能になった場合には，信用保証協会に民間金融機関への立て替え払いを行ってもらうことができます。

② プロパー融資：信用保証協会の保証がいらない借入

　　信用保証協会の保証がいらない民間金融機関借入は「プロパー融資」と呼ばれています。中小企業にとって，信用保証協会への信用保証料の支払いを行う必要がなく，借入限度額がないというのがメリットですが，融資審査が比較的厳しく，それまでの取引実績や業績などが重視されるので，取引実績のない民間金融機関からの借入は難しいのがデメリットです。

105

③　無担保ビジネスローン

　　信用保証協会の保証がいらない民間金融機関借入には「無担保ビジネス
ローン」もあります。無担保ビジネスローンは，個人事業主も利用でき，手
続きが簡便で，融資審査期間が短く，緊急時（短期の資金繰り困窮時など）
の借入には便利であるというのがメリットですが，一般的に借入金利が高い
のがデメリットです。ノンバンクの無担保ビジネスローンは事業規模が小さ
い場合や個人事業主でも利用可能です。クレジットスコアリングに基づいて
審査が行われるため，クイックローンとも呼ばれています (注1)。

（2）　公 的 金 融

①　政府系中小企業金融機関からの借入

　　政府系中小企業金融機関としては，日本政策金融公庫と商工組合中央金庫
の2つがあります。一般的に，民間金融機関に比べて借入金利が低いのがメ
リットですが，借入（融資）が決まるまで平均3週間程度かかるのがデメ
リットです。

②　政府系中小企業金融機関の社債引き受け

　　日本政策金融公庫は，一定の要件を満たす場合に，中小企業発行の社債の
引き受けを行っています。

③　中小企業基盤整備機構からの借入

　　独立行政法人「中小企業基盤整備機構」は，中小企業総合事業団（信用保
険部門を除く），地域振興整備公団（地方都市開発整備等業務を除く），産業
基盤整備基金（省エネ・支援法関係業務を除く）の3つの特殊法人を統合し，
設立されました。中小企業基盤整備機構は，中小企業向けの高度化融資など
を行っています。

④　都道府県・市町村の「制度融資」

　　都道府県・市町村（東京特別区を含む）が金融機関に融資原資の一部を預
託し，取扱金融機関が都道府県・市町村の定める融資条件で中小企業に融資
する制度は「制度融資」と呼ばれています。

106

第6章　中小企業の「民間金融 vs. 公的金融」

⑤　行政部門からの補助金・助成金

　　行政部門（地方自治体など）からの補助金・助成金を資金調達方法（金融
手段）として挙げている文献もありますが，補助金・助成金は金融ではなく
財政の領域です。

⑥　信用保証協会

　　各都道府県に設置されている信用保証協会が取り扱う信用保証制度は，後
ほど詳しく解説します。

⑦　中小企業投資育成による出資

　　中小企業向けに資金を提供する機関として，中小企業投資育成株式会社法
に基づいて設立された中小企業投資育成株式会社があります。同社は中小企
業が発行した株式を引き受け，安定株主として長期的な投資を行い，中小企
業の自己資本不足の解消に役立っています。東京，大阪，名古屋の3社で全
国の中小企業をカバーしており，株主は地方公共団体，民間銀行，保険会社，
商工会議所などです。大阪中小企業投資育成株式会社は1963年の設立以来，
4,500社以上に出資し，このうち200社が株式上場を果たしています。しかし，
民間のベンチャー・キャピタルとは異なり，出口戦略として必ずしも上場を
ゴールとしていません。

【資金調達のタイミングと「民間金融 vs. 公的金融」】

　中小企業の資金調達方法には「民間金融」（保証協会付融資，プロパー融資，
無担保ビジネスローン）と「公的金融」（公庫借入など）の選択肢があります
が，どのように借り入れ先を選べばよいのでしょうか。事業を始めて間もない
ときには，取引実績のない民間金融機関から融資を受けるのは難しいため，創
業者向け融資が充実している「公庫融資」を受けるのが一般的です。

【企業の規模と「民間金融 vs. 公的金融」】

　「民間金融」と「公的金融」の選択肢は，事業（企業）の規模に応じても変
わってきます。

① 個 人 事 業

　一般的に，個人事業は「プロパー融資」（信用保証協会の保証がいらない民間金融機関借入）は難しく，「保証協会付融資」（信用保証協会の保証のついた民間金融機関借入），無担保ビジネスローンを利用せざるをえません。

② 法 人 事 業

　法人として事業が安定し，「保証協会付融資」の返済が順調である場合に，「プロパー融資」も可能になります。

　事業規模の拡大や設備投資など，ある程度まとまった金額を長期で借り入れる場合は，政府系金融機関（政策金融機関）からの借入（公庫借入）や「保証協会付融資」などを利用し，なるべく低い金利で借り入れることが望ましいです。

2　中小企業金融における担保・保証人の役割

【不動産担保や人的保証に過度に依存してきた取引慣行】

① 不動産担保に過度に依存してきた取引慣行

　金融機関貸出が不動産担保に過度に依存していると，不動産価格の変動が金融機関の与信機能に影響を及ぼし，不動産価格の下落とともに金融機関貸出が減少します。その結果，中小企業に対しての「貸し渋り・貸し剥がし」が発生します。

② 人的保証に過度に依存してきた取引慣行

　経営者の個人財産と会社資産の区分が明確でない中小企業が多く存在します。人的保証によって経営者個人に過度な負担を求めることは，会社経営が破綻した際に保証人である経営者個人の生活基盤までも破壊します。また，過度に人的保証に依存することは，金融機関による中小企業に対する経営の実態把握能力を弱体化させます。

第6章　中小企業の「民間金融 vs. 公的金融」

【不動産担保・人的保証に過度に依存しない金融】

　不動産担保・人的保証に過度に依存しない金融手法として，次に説明する「売掛債権担保・動産担保活用」のほか，「貸出債権証券化」「コミットメントライン」などがあります。また，無担保・無保証の貸出そのものも増加傾向にあります。

【ABL（Asset Based Lending）融資：動産・債権担保融資】

　2001年に「売掛債権担保融資保証制度」が創設されました。中小企業が保有する売掛債権を担保として金融機関が融資を行う場合に，信用保証協会が保証を行う制度です。2007年には対象となる担保に棚卸資産を加えるなど制度を拡充し，「流動資産担保融資保証制度」に改称されました。一般的に，ABLとは企業が保有する「在庫」「売掛債権」「機械設備」などを担保とする融資手法です。中小企業は，ABLを利用することによって事業の拡大・縮小に対応した資金調達を行うことができ，売上増加時は在庫や売掛債権の増加分に応じた運転資金を調達することができます。なお，金融機関が抱えるABLを推進する上での課題として，次の3点があります。

①　物件の担保としての適性について判断ができない。

②　取引先の在庫などの資産の管理状況について把握ができていない。

③　ABLに対する企業の認知度が低い。

109

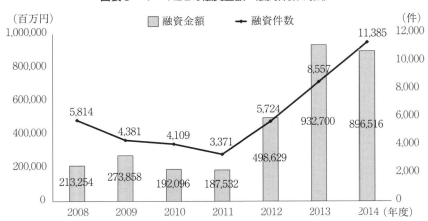

図表6-1　ABLの融資金額・融資件数の推移

出所：経済産業省「ABLの現状，普及促進に向けた課題及び債権法改正等を踏まえた産業金融における実務対応の調査検討」より作成。

ABLの融資金額・融資件数を金融機関の業態別割合を見ると，地域金融機関（地方銀行，第二地方銀行，信用金庫，信用組合）の割合は融資金額で64.2%，融資件数で63.3%です。

【売掛債権担保の活用が進まない原因】
① 債権譲渡禁止特約という取引慣行が存在する。
② 活用に関する社会的認知度が低く風評リスクが存在する。
③ 事務的な負担がある。
④ 売掛債権を担保とする場合に重要となるキャッシュフローの管理が，預金取扱金融機関以外には困難であり，担い手の多様化ができない。

【担保・保証人の役割】
　一般的に，中小企業は財務内容を公開していないため，経営の透明性が確保されていません。また，事業の専門性が高いことから，その事業の将来性を外部から評価することが難しく，借り入れた資金を確実に返済できるとも限りま

第6章　中小企業の「民間金融 vs. 公的金融」

せん。このような信用リスクを評価しにくい中小企業において，担保・保証人
は重要であり，頻繁に利用されています。

(1)　担保・保証人の役割：プラス面

①　担保や保証人の提供を通じて，中小企業の資金調達は容易になっています。

②　担保資産を持っている企業では，担保・保証人の提供によって，資金調達
　　が容易になる以上の便益が生じ，パフォーマンスが改善しています。

③　担保を得たからといって金融機関がモニタリングを怠けるとは考えにくく，
　　同じ信用リスクであっても，担保・保証人を提供する企業は，しない企業よ
　　りも頻繁に金融機関によるモニタリングを受けるうえ，長期間・多方面にわ
　　たるリレーションシップ（関係性）を構築しています。中小企業による担
　　保・保証人の提供は，金融機関によるモニタリングやリレーションシップと，
　　代替的ではなく補完的な関係を築いています。

(2)　担保・保証人の役割：マイナス面

①　担保・保証人に基づく融資は非効率であり，適切なリレーションシップの
　　確立によって，担保・保証人は代替されると考えられます。

②　担保・保証人は，モラルハザードを起こしやすい高リスク企業で多く提供
　　されています。

3　中小企業金融における個人保証

【金融機関からの借入における経営者保証の「現在利用している vs. 将来
利用したい」】

①　金融機関からの借入における，現在利用している経営者保証：売上規模別
　　　金融機関からの借入において，現在，経営者保証を提供している中小企業
　　の割合を売上規模別に見ると，売上が20億円以下の中小企業の中で80％超が
　　提供していますが，売上規模が増大するにつれて経営者保証を提供している

111

中小企業の割合は低下し，売上100億円超の中小企業では50％未満です。つまり，規模の小さな中小企業ほど経営者保証を利用しています。

図表 6-2　金融機関からの借入における，現在利用している経営者保証：売上規模別

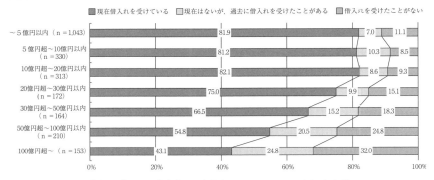

出所：中小企業庁編『中小企業白書2016年版』コラム 2-5-1(1)より転載。

② 金融機関からの借入における，将来利用したい経営者保証：売上規模別

金融機関からの借入において，将来，経営者保証を提供したい中小企業の割合を売上規模別に見ると，すべての売上規模で50％未満です。売上規模が増大するにつれて，経営者保証を提供したい中小企業の割合は低下し，売上30億円以上では30％未満です。

図表 6-3　金融機関からの借入における，将来利用したい経営者保証：売上規模別

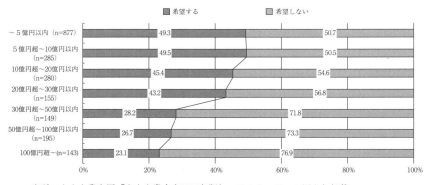

出所：中小企業庁編『中小企業白書2016年版』コラム 2-5-1(2)より転載。

第6章　中小企業の「民間金融 vs. 公的金融」

　つまり，金融機関からの借入における経営者保証の利用実態（現在利用している）と，利用意向（将来利用したい）は大きく乖離しています。経営者保証は，一方では，経営への規律付けや信用補完の効果があり，資金調達の円滑化に寄与するといったプラス面がありますが，他方では，経営者による思い切った事業展開や，早期の事業再生等を阻害するといったマイナス面があることから，一定の歯止めをかけるために「経営者保証に関するガイドライン」が策定され，2014年2月より適用が開始されています。

【「経営者保証に関するガイドライン」】

　「経営者保証に関するガイドライン」は，以下の3項目などを定め，経営者保証の弊害を解消し，企業の活力を引き出すことを目的としています。

① 　法人と個人の関係が明確に分離されている場合などに，経営者保証を求めないこと等を検討すること。

② 　多額の個人保証を行っていても，早期に事業再生や廃業を決断した際に破産手続きにおける自由財産99万円に加え，一定の生活費に相当する額を残すことや，「華美でない」自宅に住み続けられることなどを検討すること。

③ 　保証債務の履行時に返済しきれない債務残高は原則として免除すること。

【経営者の個人保証 vs. 経営者以外の第三者の保証】

　中小企業は，経営者と企業の資産・資本が十分に分離されておらず，経営者と企業の一体性が強いことが特徴です。第1に，家計と経営が未分離である，第2に，財務諸表の信頼性に問題があることから，資金供給者は，中小企業の経営や財務内容の実態を把握することを困難にしています。

　経営者の個人保証には，企業の信用補完かつ経営に対する規律付けという機能があります。経営者以外の第三者の保証には，副次的な信用補完や経営者のモラル確保のための機能があり，経営との一体性を欠くために，それが機能する範囲は経営者の個人保証とは異なっています。

113

【個人保証の問題点】

個人保証の問題点は次の３つです。

① 企業が経営困難に陥った場合においても，経営者が保証債務の履行請求を恐れることが，事業再生の早期着手に踏み切れないという傾向を助長し，事業価値の毀損が進むことにより企業の再建が困難となります。結果として，金融機関の債権の回収率の低下にもつながっています。

② 金融機関が一律または形式的に保証を徴求するという融資行動をとった場合には，無税償却が認容されにくくなることを通じ，スムーズなオフバランス処理（貸借対照表からの分離）を妨げています。金融機関の債権償却に際し，保証人の責任を厳格に追求しなければ無税償却が認容されにくいという税務上の問題があります。

③ 支払能力を超えた保証債務を負担することが多いため，経営者として再起を図るチャンスを失ったり，社会生活を営む基盤を失います。

4 中小企業金融と政府系金融機関

【政府系金融機関，特殊会社（株式会社），特殊法人，独立行政法人】

政府系金融機関は，政府が経済発展，国民生活の安定などといった政策目標を実現する目的で，特に法律を制定することにより特殊法人として設立し，出資金のうち多く（または全額）を政府が出資している金融機関の総称で，「政策金融機関」と呼ばれることもあります。政府系金融機関には，特殊会社（株式会社）として，日本政策投資銀行，日本政策金融公庫（旧の国民生活金融公庫，中小企業金融公庫，農林漁業金融公庫を統合したもの），国際協力銀行，商工組合中央金庫があり，特殊法人として，沖縄振興開発金融公庫があり，独立行政法人として，住宅金融支援機構（旧住宅金融公庫），奄美群島振興開発基金，福祉医療機構などがあります。

第6章　中小企業の「民間金融 vs. 公的金融」

【財政投融資制度の改革】

郵政民営化は財政投融資制度の「入口」改革，政府系金融機関（政策金融機関）の改革は財政投融資制度の「出口」改革とそれぞれ呼ばれています。政府系金融機関は，民間金融機関が融資を行うことが困難な分野に対し，財政投融資制度を用いて，民間金融機関では困難な融資を行っていますが，これらは「民業圧迫」「官から民へ」と言われ，2002年12月，経済財政諮問会議において，「政策金融改革について」が決定され，政府系金融機関の統合集約化と貸出残高の対GDP比率の半減が目指されました。05年11月，経済財政諮問会議において，「政策金融改革の基本方針」が決定され，06年6月，政策金融改革推進本部と行政改革推進本部において，「政策金融改革に係る制度設計」が決定されました。その結果，政府系金融機関の統合が進みました。

【政策金融機関による中小企業向け成長資金の供給】

中小企業が成長するための資金（中小企業向け成長資金）は，民間金融機関が日常に対応している資金の性質とは異なり，つまり，事業リスクが高く，成果が出るまでの期間が長期にわたることから，中小企業向け成長資金のすべてを民間金融機関が供給することは難しく，政策金融機関（政府系金融機関）による中小企業向け成長資金（リスクマネー）の供給が必要とされています。

【政府系金融機関：日本政策金融公庫と商工組合中央金庫】

政府系中小企業金融機関としては，日本政策金融公庫と商工組合中央金庫の2つがあります。

（1）　日本政策金融公庫

1953年8月発足した中小企業金融公庫（中小企業金融公庫法に基づく政策金融機関たる特殊法人）は，2008年10月解散し，特殊会社たる株式会社日本政策金融公庫に業務移管されました。日本政策金融公庫からの借入は公庫借入（「公庫融資」）と呼ばれています。日本政策金融公庫は，民間金融機関融資を補完

115

（民業補完）することを旨としつつ，新事業育成，経営革新，事業再生，海外展開など，リスクが高く民間金融機関が取り組みにくい分野に対して，国の重要な政策に基づいた中小企業融資を行っています。また，景気などの影響により融資姿勢の変動を余儀なくされる（つまり，貸し渋る）民間金融機関の貸出を量的に補完しています。

① 国民生活事業（旧国民生活金融公庫）

　　日本政策金融公庫の国民生活事業（旧国民生活金融公庫）は，個人事業者や小規模企業に小口資金（数百万円～数千万円）を融資しています。

② 中小企業事業（旧中小企業金融公庫）

　　日本政策金融公庫の中小企業事業（旧中小企業金融公庫）は，中小企業を対象に数千万円～数億円の融資を行うことを主としており，比較的規模の大きな中小企業に融資を行っています。

(2)　商工組合中央金庫（商工中金）

　株式会社商工組合中央金庫（商工中金）は，政府と民間団体が共同で出資する唯一の政府系金融機関です。商工中金は，財政投融資計画にて措置された産業投資貸付を利用し，中小企業向け成長資金の供給に注力しています。具体的には，「グローバルニッチトップ支援貸付制度」「地域中核企業支援貸付制度」「地域連携支援貸付制度」を創設し，民間金融機関と協調し，グローバル展開やイノベーションに取り組む企業を資金面で支援しています。

　これらの制度は，成功利払い型の金利設定で，かつ長期一括償還型であり，中小企業が金融機関に望む条件や性質を満たしています。また，民間金融機関との協調支援を前提としており，民間金融機関が単独では実行しにくい融資を政府系金融機関が補完している形になっています。

第6章　中小企業の「民間金融 vs. 公的金融」

5　信用保証協会と信用保証制度

【信用保証制度】

　信用保証協会による「信用保証」は，中小企業の資金繰りの円滑化のための制度です。信用保証は，中小企業が民間金融機関等から借り入れる際に，信用保証協会がその保証を行うことで，中小企業の資金調達を円滑にするものです。

【信用保証制度の「利用企業 vs. 非利用企業」】

　信用保証制度の利用企業の特徴は次のものです。

① 　借入金の比率は，保証利用企業で非利用企業よりも大幅に上昇しています。

② 　有形固定資産が総資産に占める比率も，小幅ですが保証利用企業で上昇しています。

③ 　全体の平均では，保証利用企業の利益率が非利用企業に比べて上昇しています。

④ 　利益率では，信用保証利用の効果にばらつきがあります。すなわち，信用リスクを示す自己資本比率の低いサンプルでは，保証利用のプラス効果が全く見られません。一方，自己資本比率の高いサンプルでは，保証利用企業で利益率が上昇しています。

【中小企業における信用保証協会の利用状況】

　中小企業における信用保証協会の利用状況を図表6－4の「信用保証の利用者の数」「中小企業に占める信用保証利用者の割合」で見ましょう。

① 　信用保証利用者の数

　　信用保証利用者の数は1999年まで増加し，ピーク時には222.2万者が利用していましたが，以降は緩やかに減少しています。

② 　中小企業に占める信用保証利用者の割合

　　中小企業に占める信用保証利用者の割合は，1990年には32.3％でしたが，

117

1999年には45.9％まで上昇し、その後2000年代半ばにかけて低下し、2008年9月のリーマン・ショック（サブプライム金融危機）以降は横ばいで推移しています。

図表6－4　中小企業における信用保証協会の利用状況

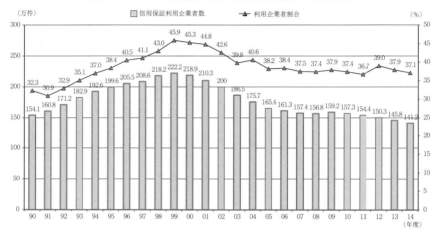

出所：中小企業庁編『中小企業白書2016年版』第2－5－24図より転載。

【信用保証残高と信用保証の中小企業貸出に占める割合の推移】

① 信用保証残高の推移

図表6－5によると、信用保証残高は、1990年代末に発生した金融システム不安に対する緊急保証制度の導入もあり、90年代末には大きく増加し、その後2000年代に緩やかに低下しましたが、2008年9月のリーマン・ショック（サブプライム金融危機）を契機に再び増加しています。ただし、2014年度末の信用保証残高は27.7兆円であり、1990年代半ばの水準まで減少しています。

② 信用保証の中小企業貸出に占める割合の推移

信用保証の中小企業貸出に占める割合は、1990年代末に発生した金融システム不安に対する緊急保証制度の導入もあり、90年代末には大きく上昇しましたが、その後は緩やかに下落しています。

第6章 中小企業の「民間金融 vs. 公的金融」

図表6-5 信用保証残高と信用保証の中小企業貸出に占める割合の推移

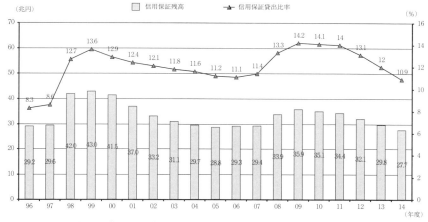

出所：中小企業庁編『中小企業白書2016年版』第2-5-25図より転載。

【新規借入時の信用保証の利用状況】

　図表6-6にて，信用保証利用者が資金調達をする際の信用保証の利用状況について見ると，信用保証制度を利用している中小企業が，当該四半期の新規借入について，「信用保証を利用した借入」「金融機関のプロパー融資（保証なし借入）」のいずれであるのか，あるいは両者を併用しているのかが確認できます。1990年代は「信用保証を利用した借入」「金融機関のプロパー融資（保証なし借入）」の両方を併用している企業が半数を超えており，1990年代末の金融システム不安，2008年9月のリーマン・ショックなどの金融危機を経て，「信用保証を利用した借入」のみと「金融機関のプロパー融資（保証なし借入）」のみの割合がそれぞれ上昇し，二極化が進行しています。

図表6-6　新規借入時の信用保証の利用状況

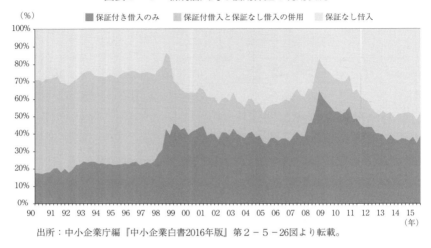

出所：中小企業庁編『中小企業白書2016年版』第2-5-26図より転載。

〔脚注〕

（注1）「ノンバンク」は預金等を受け入れないで与信業務を営む会社であり，「出資の受入れ，預り金及び金利等の取締りに関する法律」（出資法）「貸金業の規制等に関する法律」（貸金業規制法）に基づいて，資金調達や金利設定などについて，一定の制約を受けたり，貸金業者としての届け出・登録の義務が課せられたりしています。中小企業がノンバンクを利用する背景としては，銀行の貸出姿勢の問題だけではなく，ノンバンク融資の商品としてのメリットも指摘できます。

主要参考文献

小野有人「中小企業の成長に向けた金融戦略　エクイティ性資金をめぐる期待
　　と課題」『みずほインサイト』（みずほ総合研究所）2013年3月，pp.1－10。
経済企画庁『年次経済報告』。
中小企業庁編『中小企業白書』。
内閣官房編「中小企業対策要綱」（内閣官房編『内閣制度九十年資料集』大蔵
　　省印刷局，1976年3月所収）。
内閣府『年次経済財政報告』。
薮下史郎，武士俣友生『中小企業金融入門 第2版』東洋経済新報社，2006年
　　4月。
Small Business,Enterprise and Employment Act 2015，2015 Chapter
26,TSO,March 2015.
The U.S. Small Business Administration, " Am I a Small Business ?".
大阪中小企業投資育成株式会社ホームページ（http://www.sbic-wj.co.jp/）
厚生労働省ホームページ（http://www.mhlw.go.jp/）
財務省「法人企業統計」ホームページ（http://www.mof.go.jp/pri/reference/
ssc/）
全国銀行協会ホームページ（http://www.chiginkyo.or.jp/）
全国信用保証協会連合会ホームページ（http://www.zenshinhoren.or.jp/）
第二地方銀行協会ホームページ（http://www.dainichiginkyo.or.jp/）
中小企業庁ホームページ（http://www.chusho.meti.go.jp/）
日本銀行「短観（全国企業短期経済観測調査)」ホームページ
　　　　　　　　　（http://www.boj.or.jp/statistics/tk/index.htm/#p 03）

索　引

（あ行）

売上債権月商倍率 ……………………… 32
エージェンシーコスト ………………… 94
ABL（Asset Based Lending）融資 … 109
エクイティ投資家 ………………… 58,101

（か行）

海外における事業展開の促進 ………… 62
外部金融 ………………………………… 47
貸し渋り・貸し剥がし ……… 66,97,108
貸出態度判断DI ……………………… 39
貸手（金融機関，投資家）のニーズ … 59
株式 ……………………………… 99,100
借入金依存度 …………………………… 35
借入金月商倍率 ………………………… 37
借手（中小企業）の資金調達ニーズ … 58
間接金融 ……………………… 23,48,65
疑似資本融資 …………………………… 80
規模の経済 ……………………………… 41
逆選択 …………………………………… 42
共済制度の整備 ………………………… 62
協同組織金融機関 ……………………… 95
金融機関の貸出判断力 ………………… 78
クラウドファンテディング …………… 103
クレジットスコアリング ………… 82,106
経営者保証 ……………………………… 111
経営者保証に関するガイドライン …… 113
経常利益率 ……………………………… 71
公的金融 ………………………………… 106
公募債 …………………………………… 100

個人保証 ………………………… 111,114
コベナンツ ……………………………… 64

（さ行）

債券 ……………………………………… 99
債権管理 ………………………………… 41
財政投融資制度 ………………………… 115
サイトギャップ ………………………… 50
CP（コマーシャル・ペーパー）……… 101
CBO（社債担保証券）………………… 98
仕入債務月商倍率 ……………………… 30
事業承継 ………………………………… 6
事業性評価に基づく融資 ……………… 78
資金繰り判断DI ……………………… 35
資金調達構造 …………………………… 65
資金の供給の円滑化 …………………… 61
シグナリング費用 ……………………… 42
自己資本 ………………………………… 97
自己資本の充実 ………………………… 61
私募債 …………………………………… 100
資本性資金 ……………………… 81,101
社債 ……………………… 98,100,102
商工組合中央金庫（商工中金）……… 116
情報通信技術の活用の推進 …………… 62
情報の非対称性 ………………… 82,93
審査 ……………………………………… 41
「信用」の利用可能性 ………………… 45
信用保証協会 …………………………… 117
信用保証制度 …………………………… 117
信用リスク ……………………………… 80
政策金融機関 …………………………… 114

123

制度融資 ……………………… *106*

政府系金融機関 ………………… *114*

政府系中小企業金融機関 ……… *106*

設備資金 ……………………… 53

創業の促進 …………………… 62

創造的な事業活動の促進 ……… 62

（た行）

第二地方銀行 ………………… *94*

短期借入金利 ………………… *44*

担保・保証人 ……………… *108,110*

地域金融 ……………………… 64

地域金融機関 ……………… *64,85*

地域経済 ……………………… *63*

地域経済の構造 ……………… *63*

地域の範域 …………………… *63*

地方銀行 ……………………… *94*

中小企業貸出・借入の評価項目 …… *77*

中小企業基盤整備機構 ………… *106*

中小企業基本法 …………… *1,6,60*

中小企業金融政策 …………… *60*

中小企業憲章 ………………… *14*

中小企業政策 ………………… *11*

中小企業庁 …………………… *13*

中小企業投資育成 …………… *107*

中小企業に対する経営支援 …… *84*

中小企業の収益力 …………… *69*

中小企業の定義 ……………… *1*

中小企業の年齢 ……………… *93*

中小企業の負債比率 ………… *68*

中小企業白書 ………………… *15*

直接金融 ……………… *23,47,97*

DES（Debt Equity Swap）………… *64*

デット投資家 ………………… *58*

動産・債権担保融資 …………… *109*

投資比率 ……………………… *72*

（な行）

内部金融 ……………………… *47*

二重構造 ……………………… *3*

日銀短観 …………………… *35,39*

日本政策金融公庫 …………… *115*

（は行）

ハイブリッド型ファイナンス ……… *99*

BA（ビジネス・エンジェル）……… *101*

必要運転資金 ………………… *50*

VC（ベンチャー・キャピタル）…… *100*

プロパー融資 ………………… *105*

保証協会付融資 ……………… *105*

（ま行）

民間金融 ……………………… *105*

無借金企業 ………………… *56,66*

無担保ビジネスローン ………… *106*

メインバンク ………………… *86*

メインバンクとの面談頻度 ……… *70*

モニタリング ……………… *41,111*

モラルハザード ……………… *64*

（や行）

4つの成長段階 ……………… *53*

（ら行）

リスクマネー ………………… *98*

リレーションシップ …………… *111*

リレーションシップ・バンキング …… *92,93*

著 者 紹 介

滝川　好夫 （たきがわよしお）
1953年　兵庫県に生まれる
1978年　神戸大学大学院経済学研究科博士前期課程修了
1980－82年　アメリカ合衆国エール大学大学院
1993－94年　カナダブリティシュ・コロンビア大学客員研究員
現在　関西外国語大学英語キャリア学部教授・放送大学客員教授・神戸大学名誉教授
　　　（博士（経済学））

主要著書
(1) 『資本主義はどこへ行くのか　新しい経済学の提唱』PHP研究所，2009年2月。
(2) 『図解雑学　ケインズ経済学』ナツメ社，2010年11月。
(3) 『図でやさしく読み解く　ケインズ『貨幣改革論』『貨幣論』『一般理論』』泉文堂，
　　2010年12月。
(4) 『超超入門　ミクロ経済学＋マクロ経済学』泉文堂，2012年2月。
(5) 『マンガでわかる統計学入門』新星出版社，2014年12月。
(6) 『楽しく学ぶ　グローバル経済論』泉文堂，2015年12月。

新田町尚人 （にったまちなおと）
1969年　京都市に生まれる
1994年－2002年　通信社，専門新聞記者
2005年　関西大学経済学部卒業
2005年－2016年　公益財団法人関西生産性本部　経営コンサルタント
2015年　神戸大学大学院経済学研究科博士後期課程修了
現在，九州産業大学商学部講師　博士（経済学）

主要論文
(1) 「中小企業金融の問題点：1963年〜2013年の中小企業白書から」『生活経済学会研
　　究』第39巻69〜78頁，2014年3月。
(2) 「東日本大震災被災3県の企業業績と金融環境：Orbisデータを用いて」『国民経済
　　雑誌』（共著）第214巻第2号，19〜36頁，2016年8月。

楽しく学ぶ中小企業金融
平成29年4月1日　初版第1刷発行

著　　者	滝川　好夫・新田町尚人
発 行 者	大坪　克行
発 行 所	株式会社　泉文堂

　　　　　　〒161-0033　東京都新宿区下落合 1 - 2 - 16
　　　　　　電話　03(3951)9610　ＦＡＸ　03(3951)6830

印 刷 所	有限会社　山吹印刷所
製 本 所	牧製本印刷株式会社

ⓒ 滝川好夫・新田町尚人　2017　Printed in Japan　　　　　（検印省略）

　本書の無断複写は著作権法上での例外を除き禁じられています。複写される
場合は，そのつど事前に，（社）出版者著作権管理機構（電話 03-3513-6969,
FAX 03-3513-6979, e-mail：info@jcopy.or.jp）の許諾を得てください。

JCOPY ＜（社）出版者著作権管理機構 委託出版物＞

ISBN978－4－7930－0148－2　C3033